LOS
ESTOICOS

SABIDURÍA ANTIGUA PARA LA VIDA MODERNA

LOS ESTOICOS

SABIDURÍA ANTIGUA PARA LA VIDA MODERNA

PAUL SCADE

OBERON

TÍTULO DE LA OBRA ORIGINAL: *The Stoics Illustrated: Ancient Wisdom for Modern Living*

TRADUCTOR: María Pascual Cabrerizo

REALIZACIÓN DE CUBIERTA: Celia Antón Santos

RESPONSABLE EDITORIAL: Víctor Manuel Ruiz Calderón

© Ediciones Oberon (GRUPO ANAYA, S. A.), 2025
Valentín Beato, 21. 28037 Madrid
Depósito legal: M. 4652-2025
ISBN: 978-84-415-5202-9
Impreso en España

PAPEL DE FIBRA
CERTIFICADA

CONTENIDOS

INTRODUCCIÓN   6

BREVE HISTORIA DEL ESTOICISMO

LOS PRIMEROS ESTOICOS   8

DE ATENAS A ROMA   24

EL ESTOICISMO A LO LARGO DEL TIEMPO   38

LA FILOSOFÍA ESTOICA

LAS PARTES DE LA FILOSOFÍA   48

EL COSMOS   56

EL BIEN, LA FELICIDAD Y LA VIRTUD   66

EL CONOCIMIENTO Y LA PERCEPCIÓN   76

LAS PASIONES   90

LA VIDA ESTOICA

SÉNECA   106

EPICTETO   122

MARCO AURELIO   132

BIBLIOGRAFÍA   150

INTRODUCCIÓN

El estoicismo es una de las tradiciones filosóficas con una influencia más duradera. Surgida en el bullicioso panorama intelectual de la Atenas helenística, la escuela estoica adaptó buena parte de lo mejor de la filosofía griega clásica, al tiempo que abría nuevos caminos. Los estoicos tomaron las preguntas inquisitivas de Sócrates, la sencillez de los cínicos y grandes dosis del pensamiento cosmológico de Platón, y a partir de estos ingredientes forjaron algo nuevo y distintivo: una visión global y sistemática del mundo y del lugar que ocupa en él la humanidad.

Los primeros pensadores de la Estoa veían su sistema filosófico como un sistema muy integrado, siendo la ética, la física y la lógica partes inseparables de un todo conectado a la perfección. Creían que el universo se rige por la razón divina y que los humanos son capaces no solo de entender ese orden racional, sino también de alinearse, exterior e interiormente, con la estructura del cosmos. Las generaciones posteriores de estoicos antiguos, y más en particular las fuentes romanas, parecen haber puesto más énfasis en la dimensión ética de la visión del mundo de la escuela, pero nunca abandonaron la idea de que el comportamiento humano es solo parte de un sistema más grande y complejo.

Los exponentes modernos del estoicismo tienden a centrarse exclusivamente en las enseñanzas de la ética estoica y en la dimensión terapéutica de las enseñanzas de la escuela en particular. Y la verdad es que ese enfoque tiene mucho que ofrecer. Desde la difusión de la ecuanimidad estoica entre los directores empresariales hasta la influencia de la psicología estoica en la terapia cognitivo-conductual (TCC), el estoicismo sigue ofreciendo herramientas para navegar por las complejidades de la condición humana.

Pero la visión original de los fundadores de la escuela era más ambiciosa: una explicación compleja de la propia realidad, desde la naturaleza del conocimiento hasta la estructura del cosmos y todos los puntos intermedios. Esta perspectiva unificada, que combina un racionalismo radical y un corporealismo (la idea de que todo lo que existe es material) radical con un dios creador, puede parecer extraña a las sensibilidades modernas. Desde luego, sus implicaciones metafísicas son difíciles de conciliar con la asunción secular del mundo tan extendida en la actualidad. Sin embargo, hay cierta elegancia en esta visión holística que sigue siendo inspiradora, aunque podamos cuestionarnos algunos de sus fundamentos.

Este libro rastrea el desarrollo de esta destacada tradición filosófica, desde sus orígenes en Atenas hasta su adopción en la Roma republicana e imperial y en adelante a través de milenios de pensamiento occidental. Empezando con los textos de los propios estoicos antiguos, exploraremos cómo estos pensadores desarrollaron su visión distintiva de la buena vida y por qué sus ideas perduran entre los que buscan la sabiduría en nuestros tiempos.

« *τοιαῦτα λέγεται τοῖς Στωικοῖς* » .

«Eso es lo que dicen los estoicos».

LOS PRIMEROS ESTOICOS

La escuela estoica surgió en Atenas, en los albores del siglo tercero antes de Cristo. El primer pensamiento estoico estaba fuertemente arraigado en las tradiciones de los filósofos atenienses de los que era heredero. A lo largo de la historia de la escuela, los estoicos se definieron como parte de la tradición socrática, tratando a Sócrates como un sabio estoico idealizado en un mundo en el que tal perfección era rarísima. Sin embargo, los primeros estoicos también estaban muy influidos por muchos otros pensadores que encontraban en las bibliotecas y lugares de reunión públicos de Atenas. Los cínicos, Heráclito y Platón son solo algunos de los primeros filósofos que dejaron una huella importante en el pensamiento que se convertiría en el estoicismo.

El pensamiento de la primera Estoa está definido por los tres primeros cerebros de la escuela: Zenón de Citio (334-262 a. C.), Cleantes de Aso (331-232 a. C.) y Crisipo de Solos (280-207 a. C.), todos ellos inmigrantes a Atenas que se convirtieron en personajes centrales en la vida intelectual de la ciudad. Aunque todos ellos escribían prolíficamente (se dice que solo Crisipo escribió más de 700 obras), solo se conserva un texto completo de la época, un poema corto de Cleantes. La reconstrucción de las ideas exactas de estos pensadores se basa, pues, en los informes de escritores posteriores, que podemos analizar a la luz de los textos estoicos más extensos de la época romana. La imagen que emerge es la de tres pensadores que, juntos, abarcaron un abanico filosófico extraordinario y, por separado, añadieron una dimensión distintiva a las teorías que pasaron a las siguientes generaciones de estoicos.

Estatua de Zenón de Citio.

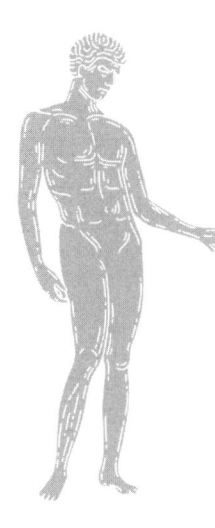

Zenón de Citio

334-262 a. C.

66 Hecatón y Apolonio Tirio dicen que, habiendo consultado el oráculo acerca de lo que debería hacer para tener una vida mejor, le respondió la deidad que asumiese la tez de los muertos. Entendido lo que aquello significaba, se entregó al estudio de los autores antiguos 99.

Diógenes Laercio, *Vida de Zenón* 7.2

La historia de Zenón, fundador del estoicismo, consultando al oráculo de Delfos sobre su camino vital es uno de los cuentos más famosos sobre Sócrates. Esta similitud no es coincidencia. Los estoicos se veían a sí mismos como continuadores de la tradición filosófica socrática y trataban a Sócrates como un sabio estoico antes del estoicismo. La enigmática respuesta que obtuvo Zenón era un típico ejemplo de los designios que cabría esperar de la pitia, la sacerdotisa del templo de Apolo en Delfos.

El templo de Apolo en el yacimiento arqueológico de Delfos en las laderas del Monte Parnaso en Grecia.

Ulises navegando ante la isla de las Sirenas representadas en forma de mujeres-pájaro. Hacia el 260 d. C., Dougga. (Museo del Bardo, Túnez).

" Zenón naufragó en una travesía de Fenicia al Pireo con un cargamento de púrpura. Subió a Atenas y se sentó en la tienda de un mercader de libros, teniendo por entonces treinta años. Al leer el segundo libro de los *Comentarios* de Jenofonte, le gustó tanto la obra que preguntó dónde se encontraban hombres como Sócrates. Pasaba en ese momento por allí Crates, y señalándoselo el librero, le dijo: 'Sigue a aquel hombre'. Desde ese día, fue discípulo de Crates, mostrando respeto y una fuerte inclinación hacia la filosofía, pero siendo demasiado recatado para asimilar el atrevimiento cínico **"**.

Diógenes Laercio, *Vida de Zenón* 7.2-3

Zenón se presenta aquí como inspirado por Sócrates y al mismo tiempo discípulo de Crates, filósofo de la escuela cínica. Los cínicos eran una de las múltiples escuelas que se veían como continuadores de la tradición socrática. Abogaban por vivir la vida más sencilla posible y creían que la felicidad se obtenía viviendo virtuosamente y en armonía con la naturaleza. El pensamiento cínico causó una profunda impresión en Zenón y muchos de sus dogmas resonaron en las doctrinas estoicas.

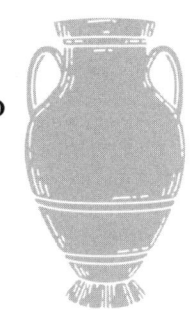

❝ Y cuando Zenón ya estaba haciendo progresos [estudiando con Diodoro], entró en la escuela de Polemón: tan lejos estaba de toda presunción. En consecuencia, se dice que Polemón le dijo: 'Te cuelas, Zenón, por la puerta del jardín, lo sé, hurtas mis doctrinas y las vistes de fenicias' **❞** .

Diógenes Laercio, *Vida de Zenón* 7.25

Por lo que sabemos sobre su juventud, Zenón estudió con varios de los principales filósofos atenienses de la época. Polemón fue el tercer escolarca de la Academia, la escuela fundada por Platón. Aunque los estoicos se posicionaban en oposición a los platónicos en muchas cuestiones fundamentales, también absorbieron varias ideas centrales de las obras de Platón y sus sucesores.

Estatua de mármol del antiguo filósofo griego Platón frente a la Academia Nacional de Atenas.

Pintura de Rafael en el Museo Vaticano, Italia. Famoso fresco mural *Escuela de Atenas*, filósofos Aristóteles y Platón en el centro.

Escultura de bronce de Sócrates y Platón en la entrada del edificio principal de la Universidad estatal de Yugra en Rusia.

❝ Por entonces solía dar discursos, paseando por la Estoa Pecile, también llamada Pórtico Pintado o Pórtico de Pisianacte, que recibía su nombre por las pinturas de Polignoto... La gente acudía allí a escuchar a Zenón, por eso se les conoce como estoicos; y el mismo nombre se dio a sus discípulos, anteriormente denominados zenonios **❞**.

Diógenes Laercio, *Vida de Zenón* 7.5

La escuela estoica debe su nombre al lugar donde Zenón y sus discípulos se reunían habitualmente, la Estoa Pecile o Pórtico Pintado, en el antiguo ágora ateniense, principal punto de reunión de la ciudad. La Estoa era un sendero porticado abierto por un lateral. La pared del otro lado tenía pinturas de distintos artistas, incluido Polignoto, uno de los pintores más célebres de la época clásica.

Cleantes de Aso

331-232 a. C.

" Cleantes, hijo de Fanio, era natural de Aso. Este hombre, dice Antístenes en las *Sucesiones de los filósofos*, era al principio púgil. Según dicen algunos, llegó a Atenas con solo cuatro dracmas y, al conocer a Zenón, se dedicó al estudio de la filosofía noblemente y se adhirió a la misma doctrina. Era conocido por su aplicación al trabajo, tanto que la extrema pobreza le empujó a trabajar para ganarse la vida. Así, por la noche sacaba agua en los jardines y por el día se ejercitaba en los argumentos **"**.

Diógenes Laercio, *Vida de Cleantes* 7.168

Cleantes sucedió a Zenón como cabeza de la Estoa en torno al 262 a. C. Natural de Aso, en Asia Menor (Turquía), se convirtió en un habitual de la escena intelectual ateniense tras la muerte de su maestro. Nuestras fuentes representan a Cleantes como un leal discípulo de Zenón y como un hombre de gran altura moral y escrúpulos, pero algo lento y pesado como pensador.

Espartano luchando contra un persa, representando la batalla de Maratón que definió el resultado de la Primera Guerra Médica.

❝ Era muy aplicado, pero no tenía aptitud natural para la física y era extraordinariamente lento. Por eso Timón lo describe así:

Quién es ese que, como un
campanero, sobrevuela el gentío,
un lerdo, amante del verso,
oriundo de Aso, una masa de roca,
poco aventurero.

Y solía aguantar las burlas de sus compañeros y no le importaba que le llamasen asno, diciéndoles que él solo era lo bastante fuerte para llevar la carga de Zenón ❞.

Diógenes Laercio, *Vida de Cleantes* 7.170-7.171

Diógenes Laercio o de Laertes fue un historiador de la filosofía de la antigüedad tardía que vivió presumiblemente en los siglos II-III d. C.

La representación de Cleantes como un lerdo es muy injusta; no podría haber dirigido la Estoa durante más de 30 años si no fuese un filósofo dotado. Tuvo la mala suerte de ser el líder de la escuela entre Zenón, su fundador, y Crisipo, su máximo exponente. Los autores antiguos gustan de crear mucho contraste entre pensadores, así que la luz de Cleantes se presenta muy atenuada para enfatizar el brillo de su antecesor y su sucesor. No obstante, es cierto que la evidencia que nos ha llegado sugiere que Cleantes se concentró en transmitir las ideas de Zenón más que en crear nuevas teorías propias.

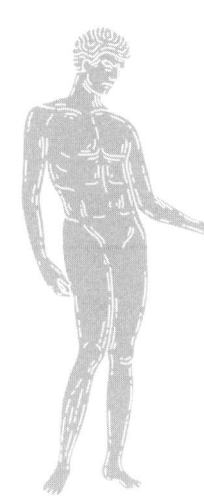

Crisipo de Solos

280-207 a. C.

66 [Crisipo estudió con Cleantes] y después, viviendo todavía Cleantes, se apartó de su escuela y alcanzó una eminencia excepcional como filósofo. Tenía talento natural y mostró la mayor agudeza en todas las ramas de la materia; tanto que en muchos puntos discrepaba con Zenón, y también con Cleantes, de quienes solía decir que lo único que necesitaba que le dijesen eran las doctrinas; él hallaría las pruebas. Sin embargo, siempre que contradecía a Cleantes se arrepentía de manera que solía decir: 'Bendito soy en todo lo demás, excepto donde toco a Cleantes: allí soy desafortunado' **99**.

Diógenes Laercio, *Vida de Crisipo* 7.179

Al igual que Cleantes, Crisipo llegó a Atenas desde una de las ciudades griegas de Asia Menor para estudiar filosofía. Nuestras fuentes sugieren que había bastante fricción entre ellos. Además de formarse con Cleantes, se dice que Crisipo estudió dialéctica con el académico Arcesilao y que pasó mucho tiempo trabajando solo antes de suceder a Cleantes como cabeza de la Estoa.

Construido en el siglo v a. C., el Erecteón, en la Acrópolis de Atenas, estaba dedicado a la diosa Atenea.

" Fue tan reconocido por la dialéctica que muchos pensaban que, si los dioses se llevaran la dialéctica, no sería otra que la de Crisipo ".

Diógenes Laercio, *Vida de Crisipo* 7.180

Antes de Crisipo, los estoicos se centraban principalmente en cuestiones relacionadas con la estructura física del mundo y cómo deberían vivir los humanos en él. Crisipo profundizó en los dogmas lógicos de la Estoa e hizo del estudio dialéctico uno de los pilares de la escuela. Aunque la lógica estoica fue influyente en la Antigüedad, se abandonó casi por completo en la Edad Media y épocas posteriores. No fue hasta mediados del siglo xx que los desarrollos de la filosofía moderna sentaron las bases para una revalorización del revolucionario pensamiento de Crisipo en esta área.

" En el trabajo, superó a todos, como muestra la lista de sus obras, pues hay más de 705 ".

Diógenes Laercio, *Vida de Crisipo* 7.180

" De no ser por Crisipo, no habría habido Estoa **"**.

Diógenes Laercio, *Vida de Crisipo* 7.183

Crisipo de Solos (280–207 a. C.).

La amplísima producción escrita de Crisipo sumaba más de 700 volúmenes, pero no han sobrevivido más que fragmentos de ellos. Junto con su pensamiento innovador, su prolífica obra contribuyó a que el estoicismo siguiese siendo una de las escuelas filosóficas dominantes durante medio milenio después de su muerte.

DE ATENAS
A ROMA

El estoicismo cobró vida en el caldo de cultivo intelectual de Atenas, centro del mundo filosófico griego. Pero, desde sus inicios, la escuela miraba más allá de los confines sociales e intelectuales de las ciudades-estado griegas. Ninguno de los cinco primeros líderes de la Estoa procedía de ciudades de la Grecia continental, todos llegaron a Atenas desde lugares tan lejanos como Asia Menor, Chipre y Mesopotamia.

La era helenística en la que surgió el primer estoicismo y luego floreció fue uno de los encuentros interculturales más impresionantes del mundo antiguo. Alejandro Magno y sus sucesores impusieron la cultura y las instituciones griegas desde el norte de África hasta el Hindu Kush, pasando por todos los puntos intermedios. Y, allá donde iba la cultura griega, iba inevitablemente la filosofía griega.

El estoicismo parece haber sido especialmente popular entre los dirigentes helenos. En parte, se debe a que el objetivo estoico de una vida ordenada, racional y virtuosa ofrecía un ideal conveniente tanto para los gobernantes como para los gobernados. Pero seguramente también se deba a que el estoicismo fomentaba una perspectiva cosmopolita que abrazaba la idea de una comunidad humana que trascendía las fronteras étnicas.

Con el ascenso de Roma y el eclipse del dominio político griego, el estoicismo se extendió hacia el oeste de la península itálica. Los romanos veían similitudes entre el estoicismo y los ideales romanos tradicionales de la virtud. Al mismo tiempo, esta modesta filosofía ofrecía una justificación filosófica para los arquitectos del imperialismo romano: si era natural que los humanos viviesen juntos bajo una sola bandera, la expansión de las fronteras de Roma en curso solo podía ser algo bueno... al margen de lo que pensasen aquellos a quienes se iba a conceder el don de la civilización.

Vista del Foro Romano, el centro de la vida civil en la Antigua Roma.

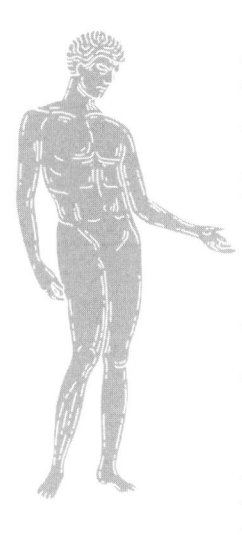

El estoicismo y los sucesores de Alejandro Magno

Rey Antígono a Zenón el filósofo, saludos:

❝ Aunque en fortuna y gloria creo que te supero, soy inferior en razón y educación y en la perfecta felicidad que tú has alcanzado. Por eso he decidido pedirte que me visites, asumiendo que no rechazarás mi petición. Procura de todos modos reunirte conmigo, teniendo por seguro que no solo serás mi maestro, sino el de todos los macedonios. Pues es evidente que quien instruye al rey de Macedonia y le guía por el camino de la virtud también forma a sus súbditos para ser hombres buenos **❞**.

Diógenes Laercio, *Vida de Zenón* 7.6

La reputación de los filósofos estoicos por su razón sobria, buen carácter y búsqueda de la felicidad a través de la virtud se extendió rápidamente desde Atenas y enseguida hubo seguidores de la escuela en Asia, África y Europa occidental. Antígono, uno de los sucesores de Alejandro Magno más importantes, fue uno de los gobernantes que buscó a los estoicos. Aunque Zenón no lo visitó en persona, envió a estoicos menores a la corte de Antígono para instruirle en las enseñanzas de la Estoa.

❝ [Esfero] fue a Alejandría, a la corte del rey Ptolomeo Filopátor. Un día, discutiendo acerca de si el sabio podía rebajarse a tener opiniones, y habiendo dicho Esfero que eso era imposible, el rey, en un intento de refutarlo, mandó poner en la mesa unas granadas de cera. Esfero fue engañado y el rey gritó: 'Has consentido una presentación que es falsa' **❞**.

Diógenes Laercio, *Vida de Esfero* 7.177

Esfero era un discípulo de Cleantes que se trasladó a Egipto para unirse a la corte del rey Ptolomeo IV Filopátor (*r.* 221-204 a. C). Un principio estoico fundamental era que el verdadero sabio consiente solo «la impresión cognitiva». Es decir, solo acepta impresiones sobre el mundo exterior si tienen la marca distintiva e infalible que permite a la mente entenderlas como tales. Pensando en pillar al filósofo, Ptolomeo ordenó que hiciesen modelos de granada en cera muy convincentes. Luego asumió que el hecho de que confundieran a Esfero era una prueba de que un sabio puede realmente equivocarse. Pero Esfero tuvo una respuesta rápida: «No he consentido a la proposición de que son granadas, sino a que hay motivos para pensar que pueden ser granadas. Ciertamente, la presentación y la probabilidad razonable son dos cosas totalmente diferentes».

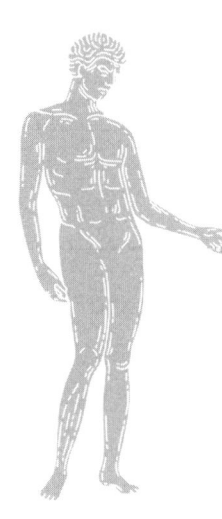

Entre Atenas y Roma

66 [T]res filósofos... enviaron los atenienses en misión al senado de Roma para persuadir a los senadores de que condonasen la multa impuesta a los atenienses... Los filósofos en cuestión eran Carnéades de la Academia, Diógenes el estoico y Critolao el peripatético. [...] [C]ada uno de ellos por separado, con el propósito de demostrar su elocuencia, sermoneó a una gran compañía... Los tres despertaron admiración por su oratoria, cada uno en su estilo. 'Carnéades', decían, 'habló con una vehemencia que te arrastraba, Critolao con arte y brillos y Diógenes con mesura y sobriedad' 99 .

Aulo Gelio, *Noches áticas* 6.14

Diógenes de Babilonia nació en lo que es ahora Irak. Viajó a Atenas para estudiar con los estoicos y acabó convirtiéndose en el quinto director de la escuela. El nombramiento de Diógenes coincidió con la expansión oriental de Roma. Cuando los romanos impusieron una multa a Atenas por asediar a uno de sus vecinos, la ciudad envió una embajada de filósofos a Roma para comentar el caso. Diógenes causó una profunda impresión en el público local y el estoicismo se fue fijando entre la élite romana.

66 El sol es puro fuego, así lo dijo Posidonio en el séptimo libro de su *De los meteoros*. Y es mayor que la tierra, según el mismo autor en el libro sexto de su *Discurso físico*. Además es de forma esférica, como el propio mundo, según el autor y su escuela... [Que es] mayor que la tierra [lo demuestra] que la ilumina toda; es más, el cielo también. El hecho de que la tierra proyecte una sombra cónica demuestra asimismo que el sol es mayor que ella **99** .

Diógenes Laercio, *Vida de Zenón* 7.144

En el siglo primero antes de Cristo, el centro de gravedad intelectual de la Estoa pasó de Atenas a la isla de Rodas, donde residía Posidonio, uno de los mayores pensadores estoicos de la época. A diferencia de sus predecesores, Posidonio estaba fascinado por la ciencia empírica y escribió mucho sobre temas como la geografía y la meteorología. Posidonio también favoreció la adopción del estoicismo en Roma, escribiéndose con al menos uno de los principales estadistas romanos y reuniéndose con el general Pompeyo el Grande en varias ocasiones.

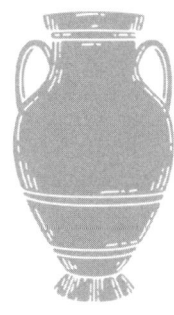

La romanización del estoicismo

Una conversación ficticia con Catón el Joven, narrada por Marco Tulio Cicerón:

66 '[H]ay un elemento de dificultad y oscuridad considerable en este sistema estoico. Porque en un tiempo incluso los términos empleados en griego para sus novedosas concepciones parecían intolerables, pero cuando eran novedosas, ahora el uso las ha hecho familiares; ¿qué crees que pasará en latín?'. 'No sientas la menor dificultad al respecto', dije yo. 'Si cuando Zenón inventó nuevas ideas se le permitió denotarlas con palabras igualmente nuevas, ¿por qué no debería permitirse a Catón hacer lo mismo?' 99.

Cicerón, *De Finibus* 3.15

Cicerón fue un importante estadista romano y un prolífico escritor en la República romana tardía. De joven estudió filosofía en Atenas y asistió a clases con el gran estoico rodio Posidonio, con quien seguiría escribiéndose. Uno de los mayores proyectos de Cicerón más adelante sería hacer la filosofía griega accesible a sus compatriotas romanos. Cicerón no era un estoico en sí, pero mostró gran simpatía por las ideas estoicas que transmitía al público romano. Su obra era tan influyente que algunas de sus traducciones de términos estoicos pasaron a formar parte del lenguaje general. Por ejemplo, la palabra «cualidad» viene del latín *qualĭtas,* un neologismo acuñado por Cicerón para representar un importante concepto estoico.

Estatua de mármol de Cicerón en el exterior del antiguo
Palacio de justicia de Roma.

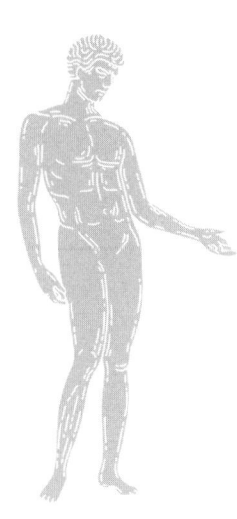

De entre las cenizas: textos estoicos de Herculano

Las ruinas de Pompeya, enterrada por la erupción del Vesubio en el año 79 de nuestra era, son célebres por el conocimiento crucial que han ofrecido sobre la vida cotidiana en el mundo romano. Pero, para los estudiosos del estoicismo, es la ciudad vecina, Herculano, la que tiene más interés. Cuando Herculano se destruyó el mismo día que Pompeya, la lava y las cenizas sellaron tesoros únicos en uno de los edificios de la ciudad. La Villa de los Papiros contiene la única biblioteca conocida superviviente del mundo antiguo con el contenido en su sitio. Los pergaminos de su interior quedaron muy dañados por el calor del desastre que quemó la biblioteca, pero en muchos sitios todavía puede leerse la tinta carbonizada en el papiro. Las técnicas avanzadas de imagen y los nuevos métodos de edición de los pergaminos siguen aportando nuevos textos que no han sobrevivido en ninguna otra forma, incluidas pruebas de los puntos de vista estoicos que, de otro modo, se habrían perdido por completo.

Un mosaico en una pared de la Casa de Neptuno y Anfítrite, en Herculano, una ciudad próxima a Pompeya que también fue destruida por la erupción del Vesubio en el siglo I d. C.

Uno de los textos que ha sobrevivido de manera extensa, aunque fragmentada, es el libro IV de la obra del filósofo epicúreo Filodemo *De Musica.* Aunque no es propiamente una obra estoica, el texto de Filodemo se centra en criticar la visión estoica de la música. Por tanto, contiene amplias descripciones y citas de los desaparecidos escritos estoicos sobre el tema. Una edición de 2007 del texto realizada por el investigador francés Daniel Delattre abrió nuevas perspectivas de una parte de la filosofía estoica que llevaban siglos desaparecidas casi por completo.

❝ [Cleantes dice]: 'Los patrones poéticos y musicales son perdurables' y 'aunque el discurso de la filosofía tiene la capacidad de expresar adecuadamente cuestiones divinas y humanas, no tiene como la prosa expresiones apropiadas a la grandeza de lo divino, mientras que las métricas, las melodías y los ritmos se acercan mucho más a la verdad de la contemplación de lo divino' **❞**.

Filodemo, *De Musica*, col. 142 (Delattre)

Este llamativo fragmento de Cleantes, recogido en *De Musica* de Filodemo, cuestiona las ideas preconcebidas sobre los estoicos, tanto populares como académicas. La elevación de la música a una posición adyacente a la filosofía o incluso superior en algunos aspectos contrasta con la idea más extendida de que a los estoicos no les interesaban las artes. Al mismo tiempo, la capacidad de la música para comunicar la grandeza y la verdad de lo divino complica la visión tradicional de que el lenguaje verbal era la única base del pensamiento racional para los estoicos.

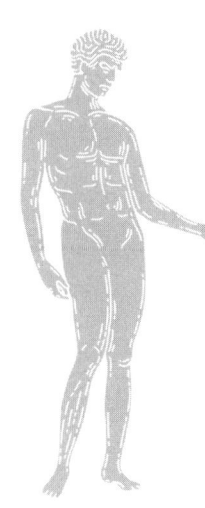

Roma imperial, estoicos imperiales

66 Parece erróneo pensar que quienes se han dedicado fielmente a la filosofía son... desdeñadores de magistrados o reyes o quienes controlen la administración de los asuntos públicos... Aquellos que se benefician en gran medida, en lo que respecta a su propósito de vivir correctamente, por la seguridad del Estado, deben necesariamente apreciar como un padre al autor de este bien 99 .

Séneca, *Cartas a Lucilio* 73.1

La generación de Cicerón fue la última en florecer en la República de Roma: 15 años después de su muerte, Roma tenía su primer emperador y, con ello, un nuevo mundo que giraba en torno a la figura del máximo dirigente. Pero la afinidad romana al pensamiento estoico no titubeó y los estoicos tampoco se opusieron al gobierno imperial. De hecho, no es exagerado decir que el estoicismo se convirtió en una especie de filosofía no oficial del imperio romano. El autor y pensador Séneca (4 a. C.-65 d. C.) es un ejemplo de esta tendencia. No solo era un exponente de una forma de estoicismo eminentemente práctica que se alineaba a la perfección con la propensión romana a la acción, sino que además fue tutor y consejero del quinto emperador romano, Nerón (*r.* 54-68 d. C.).

66 Piensa en todo momento como un romano y un hombre que tiene que hacer lo que esté en su mano con perfecta y sencilla dignidad, sentimiento de afecto, libertad y justicia, y libérate de todos los demás pensamientos. Te liberarás si ejecutas todas las acciones de tu vida como si fuesen la última, dejando de lado todo descuido y aversión apasionada a los mandatos de la razón, y toda la hipocresía, la vanidad y la insatisfacción con lo que se te ha dado 99.

Marco Aurelio, *Meditaciones* 2.5

Marco Aurelio es el ejemplo definitivo de estoico romano: un filósofo estoico y con talento y el emperador de Roma (*r.* 161-180 d. C.). Las *Meditaciones* de Marco Aurelio son un documento único, el diario filosófico de un hombre que busca la razón y la virtud al tiempo que se esfuerza por gobernar el imperio más grande del mundo. Siguen inspirando a líderes y personas entregadas a un estilo de vida estoico casi dos milenios después de su escritura.

EL ESTOICISMO A LO LARGO DEL TIEMPO

Aunque las obras en griego de los estoicos originales se perdieron en algún punto del primer milenio de nuestra era, la transmisión de los principales dogmas de la escuela en textos en latín garantizó la duradera influencia del pensamiento estoico. Esto se debió, en gran parte, a la compatibilidad de muchas ideas estoicas con la teología y la moralidad cristianas que dominaron Europa desde el mandato de Constantino el Grande (*r.* 306-337) hasta el siglo XX.

El Renacimiento y la Ilustración fueron testigos de un creciente interés por el humanismo estoico, que ponía de relieve el carácter fundamentalmente racional del individuo y destacaba la capacidad de todo ser humano para tomar el control de su vida desarrollando sus facultades de razonamiento. Aunque el interés académico e intelectual por el estoicismo menguó de alguna manera a finales del siglo XIX, la adopción popular del carácter estoico, resignado e infatigable, alcanzó su apogeo en esta época. Los horrores de la I Guerra Mundial contribuyeron mucho a socavar la idea de que la aceptación indolente del propio destino es un bien incondicional y en los siguientes 50 años se produjo un reconocimiento cada vez mayor de la idea de que las emociones y las pasiones son valiosas por derecho propio. En las últimas décadas del siglo XX, el estoicismo volvió a verse como un sistema filosófico viable en vez de como una simple curiosidad histórica.

Virgilio, Cicerón y Séneca con alumnos. En el podio se sienta la personificación de la Gramática. Obra de Jacobus Harrewijn, 1694.

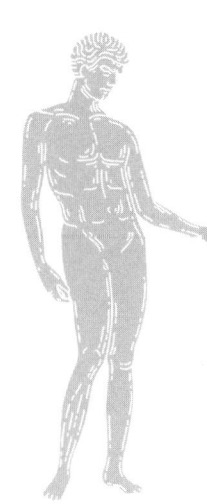

La Biblia

66 [San Pablo se dirige a los atenienses en el Aerópago:] Dios, que hizo el mundo y todo lo que hay en él, dado que Él es el Señor del cielo y la tierra, no mora en templos construidos por el hombre. Tampoco se deja servir por las manos de los hombres, como si necesitara algo, pues es Él quien da vida y aliento a todas las cosas. Y Él ha hecho de una misma sangre todas las naciones para que vivan sobre la faz de la tierra y ha determinado sus tiempos prefijados y los límites de sus moradas para que busquen al Señor con la esperanza de que podrían buscarlo a tientas y encontrarlo, aunque Él no está lejos de cada uno de nosotros; pues en Él vivimos, nos movemos y existimos, como dijo alguno de vuestros poetas, 'porque nosotros somos Sus descendientes' 99.

Hechos 17.24-28 (NKJV)

El intento de San Pablo de convertir a los atenienses al cristianismo a mediados del siglo primero de nuestra era ejemplifica la tensión que atravesaría gran parte del compromiso de los primeros cristianos con el estoicismo. Por una parte, el estoicismo era una filosofía abiertamente pagana que identificaba al creador divino con Zeus. Por otro lado, los estoicos eran realmente monoteístas y había muy poco en su visión ética que contraviniese las enseñanzas morales cristianas, lo que convertía las obras estoicas en fuente de inspiración para los pensadores cristianos y al mismo tiempo en objeto de condena. Es probable que la cita con la que termina este pasaje ("porque nosotros somos Sus descendientes") pertenezca al *Himno a Zeus* de Cleantes.

El Sermón de San Pablo en Atenas en la colina del Aerópago.
Vidriera de la iglesia anglicana de Todos los Santos. Roma, Italia.

El siguiente pasaje de la obra del flamenco Neostoic Justus Lipsius (1547-1603) transmite gran parte del reto al que se enfrentaba esta escuela al intentar combinar sus creencias cristianas con las visiones de los antiguos estoicos. Aquí, Lipsius reconoce la carencia de material original antiguo y el hecho de que algunos pensamientos estoicos, en particular aquellos sobre el destino y la predestinación, son incompatibles con la doctrina tradicional cristiana. Sin embargo, con un poco de ingenuidad interpretativa, argumenta que buena parte del sistema estoico puede alinearse con su fe cristiana.

Estatua de Justus Lipsius en Lovaina, Bélgica. Filólogo, filósofo
y humanista flamenco, fundador del neostoísmo (1547-1606).

Justus Lipsius

1547-1606

" Me acerco a los estoicos, mis amigos (pues declaro tener a esa secta en estima y cuenta), que fueron los autores del destino violento, que con Séneca defino como una necesidad de todas las cosas y acciones, que ninguna fuerza puede resistir o romper. Y con Crisipo, una potencia espiritual que gobierna con orden todo el mundo. Estas definiciones no se apartan mucho de la verdad si se exponen con sensatez y modestia... Se les acusa [a los estoicos] de dos impiedades, que supeditan a Dios a la rueda del destino y también las acciones de nuestra voluntad. No puedo atreverme a absolverlos de estas dos faltas: porque de algunos de sus escritos (pocos se conservan hoy en día) podemos recoger esos dichos, y de algunos otros recogemos frases más íntegras ".

Justus Lipsius, *De Constantia* 1.18

Baruch Spinoza

1632-1677

“ Pero el poder humano es extremadamente limitado y sobrepasado infinitamente por el poder de las causas externas; por lo tanto, no tenemos poder absoluto para amoldar a nuestro uso aquello que está fuera de nosotros. Sin embargo, soportaremos con igual ánimo todo lo que nos suceda en contra de las pretensiones de nuestra propia ventaja, siempre y cuando seamos conscientes de que hemos cumplido con nuestro deber y de que el poder que poseemos no es suficiente para permitirnos protegernos por completo; recordando que formamos parte de una naturaleza universal y que seguimos su orden. Si tenemos un claro y distinguido entendimiento de esto, esa parte de nuestra naturaleza que está definida por la inteligencia, es decir, la mejor parte de nosotros mismos, seguramente consentirá lo que nos suceda, y en esa aquiescencia se esforzará por persistir. Pues, en tanto que somos seres inteligentes, no podemos desear nada más que lo que es necesario, ni dar aquiescencia absoluta a nada, salvo a lo que es cierto: por lo que, en la medida en que tengamos una comprensión correcta de estas cosas, el esfuerzo de la mejor parte de nosotros mismos estará en armonía con el orden de la naturaleza en su conjunto **”** .

Baruch Spinoza, *Ética* IV, ap. 32

Aunque Spinoza hace referencia directa a los estoicos en varios puntos de su obra, no está claro si, ni hasta qué punto, identifica sus propias ideas como una continuación de las suyas. Sin embargo, es imposible ignorar los claros paralelismos en pasajes como este, que ha llevado a muchos filósofos posteriores a ver a Spinoza como parte del resurgimiento estoico de los siglos XVI y XVII.

Estatua de bronce del filósofo holandés Baruch de Spinoza realizada por Nicolas Dings en Ámsterdam, Países Bajos.

45

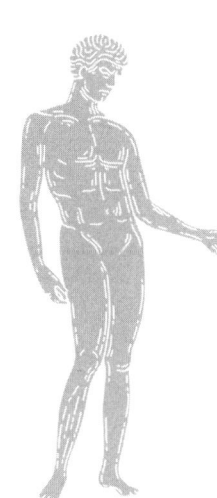

Friedrich Nietzsche

1844-1900

❝ ¿Queréis vivir 'según la naturaleza'? ¡Oh, nobles estoicos, qué embuste de palabras! **❞**.

Friedrich Nietzsche, *Más allá del bien y del mal* 1.7

La influencia del estoicismo en los filósofos y las instituciones académicas empezó a mermar a finales del siglo XIX y principios del XX. La compatibilidad del naturalismo estoico con la teología cristiana, que contribuyó a una recepción positiva del estoicismo durante siglos en la Europa cristiana, ahora lo ponía en la línea de fuego de los nuevos pensadores filosóficos más individualistas y ateos. Al mismo tiempo, los historiadores de la filosofía cada vez veían con peores ojos el pensamiento de la época helenística, considerando la Atenas clásica de Platón y Aristóteles el punto álgido indiscutible del pensamiento antiguo y todo lo siguiente una burda imitación. No fue hasta el último cuarto del siglo XX que el pensamiento estoico se «redescubrió» y volvió a una posición prominente.

Rudyard Kipling

1865-1936

❝ Si puedes mantener la cabeza
en su sitio cuando todos a tu
alrededor la pierden y te culpan a ti;
si puedes seguir creyendo en ti mismo
cuando todos dudan de ti,
pero también aceptas que tengan
dudas; si puedes esperar y no cansarte
de la espera, o si, siendo engañado,
no respondes con engaños, o si,
siendo odiado, no incurres en el odio.
Y aun así no te pareces demasiado
bueno ni demasiado sabio... **❞**

Rudyard Kipling, *Si*

Aunque las élites intelectuales europeas y estadounidenses se estaban apartando del estoicismo, la popularización de valores estoicos estaba alcanzando nuevas cotas. Tal vez no resulte sorprendente que las ideas estoicas, que habían resultado estar tan abiertas a la expansión del imperio romano, tuviesen un papel protagonista en el proyecto del imperio británico. El ideal de «mantener el tipo» reflejaba muy bien los objetivos estoicos de liberarse de las pasiones y una aproximación flemática a las vicisitudes del destino. El famosísimo poema de Rudyard Kipling *Si* (1910) es quizá la declaración definitiva del estoicismo popular de la época.

LAS PARTES DE LA FILOSOFÍA

La filosofía estoica es más conocida hoy en día por sus puntos de vista éticos, a menudo difundidos en forma de máximas concisas extraídas de las obras de los estoicos romanos. Y es cierto que las obras supervivientes de pensadores como Epicteto, Marco Aurelio y Séneca tienden a priorizar cuestiones éticas y tratar otros temas filosóficos como secundarios. Sin embargo, no podemos estar seguros de que esta tendencia refleje realmente el interés de los estoicos romanos ni las prioridades de las generaciones posteriores que decidieron copiar, y por consiguiente preservar, unos textos y no otros. Lo que sí sabemos es que los primeros estoicos veían las cuestiones éticas como solo una parte del tema mucho más amplio de la filosofía. Para ellos, la lógica, la ética y la física eran tres partes integrales de un todo mayor y es imposible justificar, o incluso comprender realmente, cualquier parte sin entender los principales dogmas de las otras áreas. De hecho, hay un sentido importante en el que las tres partes se funden unas en otras cuando se ven al más alto nivel: la racionalidad, el bien y la estructura ordenada son, para los estoicos, simplemente expresiones de la misma naturaleza divina subyacente en el mundo. En consecuencia, podemos ver la lógica, la ética y la física como tres maneras diferentes, pero complementarias en esencia, de acercarse al tema central de la filosofía.

Las partes de la filosofía

66 La doctrina filosófica, dicen los estoicos, se divide en tres partes: una, física, otra ética y la tercera lógica. Zenón de Citio fue el primero en hacer esta división en su *Exposición de la doctrina*, y Crisipo también la hizo en el primer libro de su *Sobre el discurso* y de su *Física*; y también la hicieron Apolodoro y Silo en la primera parte de su *Introducción a los dogmas*, Eudromo en sus *Elementos de moral*; Diógenes Babilonio y Posidonio 99 .

Diógenes Laercio, *Vida de Zenón* 7.39

La división de la filosofía en tres partes estaba casi universalmente aceptada en la Estoa. Cleantes se apartó un poco de los otros estoicos enumerando seis partes: dialéctica, retórica, ética, política, física y teología, pero la diferencia era muy superficial, reflejando una división de cada una de las tres partes habituales en un elemento superior y otro inferior.

La unidad de la filosofía

"La filosofía, dicen, es como un animal, la lógica corresponde a los huesos y los tendones, la ética a las partes carnosas, la física al alma. Otro símil que usan es el de un huevo: la cáscara es la lógica, la clara la ética y la yema, en el centro, la física. O también asemejan la filosofía a una tierra fértil: la lógica sería la cerca, la ética el cultivo y la física el suelo y los árboles. Y también la comparan con una ciudad amurallada gobernada por la razón **"**.

Diógenes Laercio, *Vida de Zenón* 7.40

Todas las metáforas que los estoicos usaban para describir las relaciones entre las partes de la filosofía enfatizan la unidad que emerge de su combinación. La lógica tiende a desempeñar un papel protector en estas imágenes, la física está en el centro o en una posición, de alguna manera, fundacional, y la ética es el dominio más orgánico.

La estructura de la filosofía

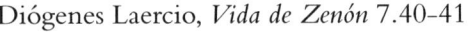

66 Ninguna de esas partes, declaran algunos estoicos, es independiente de cualquiera de las otras, sino que se mezclan todas ellas. Tampoco era habitual enseñarlas por separado. Sin embargo, otros empezaban su curso con la lógica, seguían con la física y terminaban con la ética; y entre los que hacen eso están Zenón con su tratado *De la exposición*, Crisipo, Arquidemo y Eudromo. Es cierto que Diógenes de Ptolemaida empieza con la ética, pero Apolodoro la pone en segundo lugar y Panecio y Posidonio empiezan con la física... 99 .

Diógenes Laercio, *Vida de Zenón* 7.40-41

Parece que hubo un debate considerable entre los estoicos sobre qué metáfora era la más adecuada para la relación entre las partes de la filosofía. Probablemente, una de las razones de la discrepancia era la variedad de opiniones en la escuela sobre qué temas deberían enseñarse. Dado que las tres partes estaban tan estrechamente interconectadas, algunos estoicos pensaban que era mejor enseñarlas juntas. Los dos estoicos originales más influyentes, en cambio, ponían la lógica primero, en la creencia de que uno debe aprender a razonar correctamente antes de poder aplicar ese razonamiento a la ética y la física. Es posible que el orden preferido por estoicos posteriores reflejase su propia visión sobre qué partes de la filosofía eran fundamentales. El debate sobre si la ética estoica depende de, y por consiguiente debe arraigarse en, la física continúa todavía hoy entre los estudiosos de la filosofía antigua.

Platón y Aristóteles discutiendo. Detalle de un bajorrelieve de Luca della Robbia, siglo xv, Florencia, Italia.

La lógica

66 La dialéctica, decían, es indispensable y es en sí misma una virtud, que contiene otras virtudes... Sin el estudio de la dialéctica, dicen, el sabio no puede guardarse en los argumentos para no caer nunca; pues le permite distinguir entre la verdad y la falsedad y discernir lo que es meramente plausible y lo que se expresa ambiguamente y, sin ella, no puede hacer preguntas ni dar respuestas de manera metódica 99.

Diógenes Laercio, *Vida de Zenón* 7.46

Una de las principales afirmaciones que hacen los estoicos es que «el sabio siempre es dialéctico», porque, sin las capacidades lógicas de la dialéctica, nadie puede distinguir lo que es cierto y lo que no. Pero esto no quiere decir que haya que estudiar la lógica únicamente por el propósito instrumental de establecer lo que es cierto sobre la física y la ética. La lógica se describe como una virtud aquí. Para los estoicos, eso significa que debe ser un buen estado del alma corpórea. Por tanto, no es algo distinto de la física y la ética, sino que está integralmente conectada con ellas.

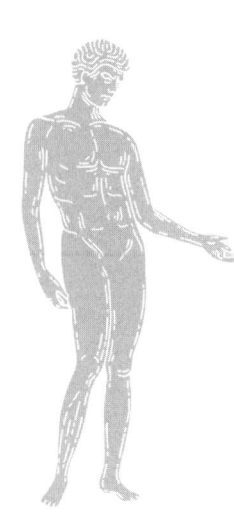

La física

" Sustancia de Dios llama Zenón a todo el mundo y el cielo, al igual que Crisipo en el libro primero de *De los dioses*, Posidonio en su libro primero con el mismo título... Por naturaleza entienden unas veces lo que mantiene el mundo unido, otras lo que hace brotar las cosas terrestres. La naturaleza se define como una fuerza movida por sí misma, que produce y mantiene sus frutos de acuerdo con principios trascendentales **"**.

Diógenes Laercio, *Vida de Zenón* 7.148

La física es el estudio de la naturaleza (*physis* en griego), el todo que los estoicos asemejan a Dios. Esto ayuda a explicar por qué la física ocupa un lugar tan prominente en la estructura de la filosofía estoica; el estudio de la naturaleza es idéntico al estudio de lo divino. De nuevo, la física no es algo distinto de la lógica y la ética. La estructura de la naturaleza es la fuente del bien y la razón, dos cualidades que los estoicos consideran esencialmente idénticas.

La ética

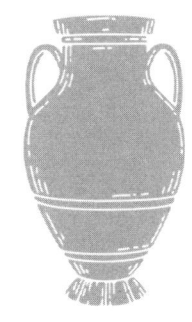

« La rama ética de la filosofía se divide de la siguiente manera:

(1) el tema de los impulsos;

(2) el tema de los bienes y los males;

(3) el tema de las pasiones;

(4) el de la virtud;

(5) el del fin;

(6) el del valor principal y las acciones;

(7) el de los deberes o lo adecuado; y

(8) el de las exhortaciones o disuasiones **»**.

Diógenes Laercio, *Vida de Zenón* 7.84

Crisipo desarrolló esta división sistemática que después se convirtió en estándar en la Estoa. Estos temas se centran en lo que lleva a la gente a hacer lo que hace y en lo que deberíamos entender como verdaderamente digno de elección en nuestras vidas. En definitiva, el fin humano para los estoicos, que equivale al bien o la vida virtuosa, es una «vida conforme a la naturaleza». Aquí vemos de nuevo la conexión entre las tres partes de la filosofía: determinar si actuamos conforme a un estándar nos exige afinar nuestra habilidad lógica, mientras el estándar de alinearnos con Dios o la naturaleza es el objeto de nuestro estudio de la física (al tiempo que somos racionales y buenos).

EL COSMOS

La cosmología estoica es interesante en sí misma y un fundamento importante para comprender la visión ética de la escuela. Aunque algunos de los primeros filósofos griegos sostenían que el mundo y su contenido eran totalmente corpóreos, esta postura fue muy minoritaria en el periodo clásico. Platón, el más famoso, afirmaba que el mundo físico en el que nos encontramos es imperfecto porque está sujeto a cambios, mientras que el mundo invariable accesible solo al pensamiento es el asiento perfecto y eterno de lo divino. Los estoicos rechazan esta visión por entero. Para ellos, lo único que existe son cuerpos e incluyen en esa clase todo lo que sea capaz de actuar sobre algo o susceptible de que se actúe sobre ello.

El universo, argumentan los estoicos, se desarrolla según un plan divino que planta la semilla para todos los acontecimientos futuros. Todo lo que sucede es inevitable porque se desarrolla según el plan trazado por el artesano divino. Y todo lo que sucede debe suceder para bien, porque un dios bueno y racional no podría causar acontecimientos malos o irracionales. Dios pone su plan en marcha en su propia alma y cuerpo, pues el dios estoico coexiste con el mundo entero. Dado que los humanos son solo una parte de esta unidad divina superior, un paso clave hacia una vida feliz es comprender que la perspectiva del individuo está fundamentalmente limitada. Solo podemos juzgar si un acontecimiento es bueno o malo si lo vemos desde una perspectiva cósmica y, desde esa perspectiva, todo funciona siempre para bien.

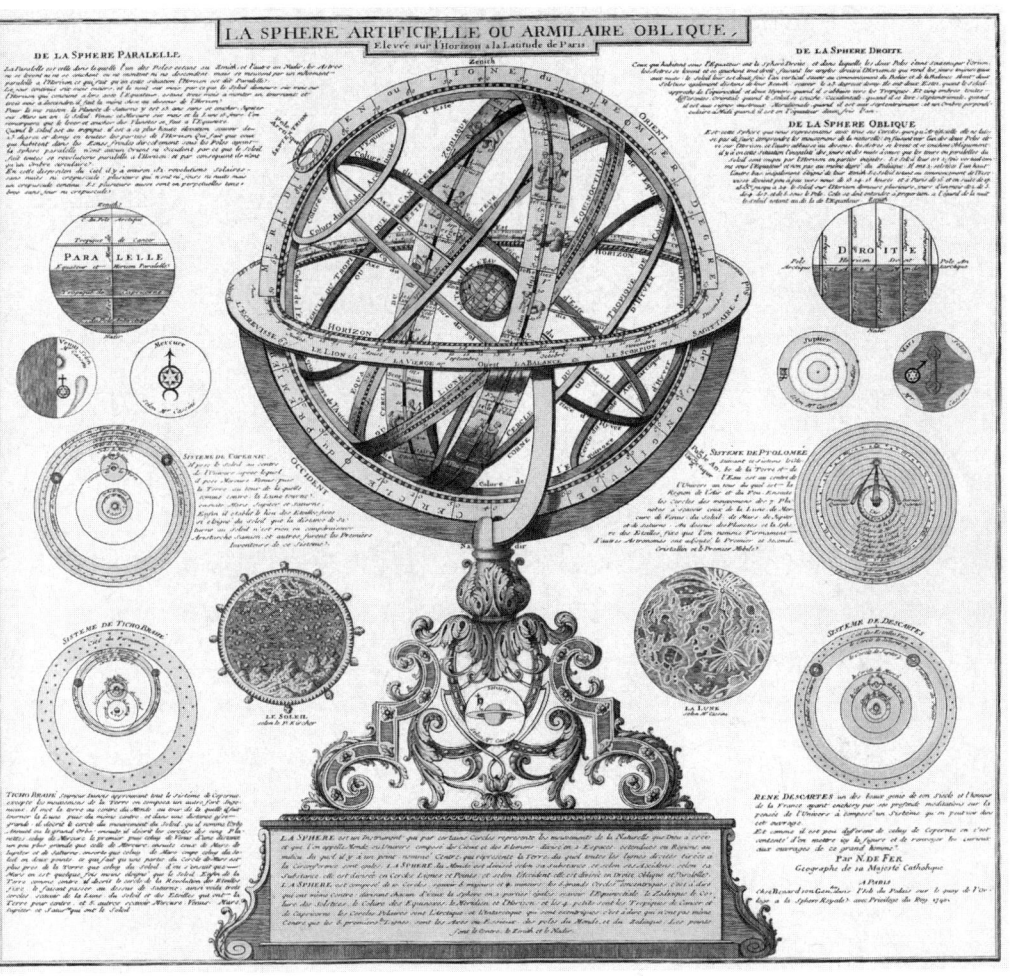

Grabado de una esfera armilar que representa el modelo del universo
concebido por el matemático y astrónomo Ptolomeo de Alejandría
en el siglo II. Nicolas de Fer (1740).

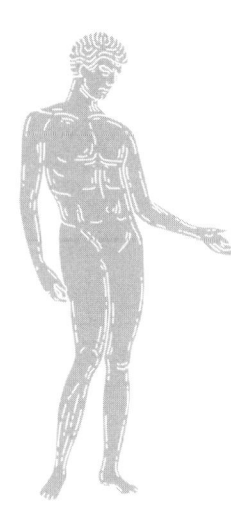

Corporalidad

66 [Zenón] también se distinguía de otros pensadores [anteriores] al sostener que una sustancia incorpórea... era inaceptable para cualquier actividad, mientras que solo un cuerpo es capaz de actuar o ser objeto de cualquier actuación **99**.

Cicerón, *Cuestiones académicas* 1.39

66 En su *Física*, Apolodoro define cuerpo como el que tiene tres dimensiones: longitud, anchura y profundidad **99**.

Diógenes Laercio, *Vida de Zenón* 7.135

A diferencia de muchas otras escuelas de pensamiento antiguas, los estoicos están convencidos de que solo existen cuerpos. Dios, el alma, las sensaciones y los pensamientos (entendidos como estados del alma) son totalmente corpóreos para los estoicos. Aunque reconocen que se aplica un tipo secundario de realidad a varios tipos de objetos incorpóreos (como los límites matemáticos, el vacío y el lugar), niegan que estos tengan «existencia». En cambio, afirman que tanto los cuerpos existentes como los incorpóreos inexistentes son «algo», a diferencia de las entidades puramente imaginarias, que no son nada en absoluto.

Los principios

❝ Opinan que hay dos principios en el universo: el activo y el pasivo. El principio pasivo es una sustancia sin cualidad, es decir, materia, mientras que el activo es la razón inherente en esta sustancia, esto es, Dios, pues él es eterno y el artesano de cada cosa en toda la extensión de la materia **❞**.

Diógenes Laercio, *Vida de Zenón* 7.134

Los estoicos consideraban que los cuerpos están compuestos de dos principios inseparables. El principio de la materia pasiva es una sustancia amorfa sin características identificables. El principio activo, identificado con Dios a nivel cósmico y con el alma a nivel individual, es responsable de dar forma y cualidades a la sustancia. Los principios activo y pasivo son coextensivos: ninguna parte de la materia del mundo se queda sin formar por Dios y los dos principios solo pueden separarse en el pensamiento.

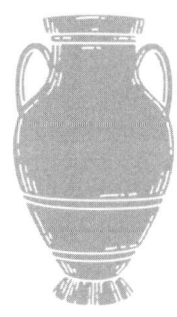

El artesano divino

66 Dios es uno y el mismo con la Razón, el Destino y Zeus; también se le dan otros muchos nombres. Al principio estaba solo; él transformó toda la sustancia a través de aire en agua y, al igual que en la generación animal, la semilla tiene un vehículo húmedo, en el Dios húmedo cósmico, que es la razón seminal del universo, permanece tras la humedad de ese agente, adaptando la materia a sí mismo con vistas al siguiente paso de creación. Entonces creó en primer lugar los cuatro elementos: fuego, agua, aire y tierra **99**.

Diógenes Laercio, *Vida de Zenón* 7.135-7.136

El principio activo se concibe como un artesano divino o demiurgo, un dios creador que fabrica todo en el universo. El primer paso del proceso implica la creación de los cuatro elementos, que, después, sirven como bloques de construcción para todos los demás cuerpos. El trabajo creativo del artesano se desarrolla según un plan (la razón seminal o *logoi spermatikoi*), que es algo así como un plano para el futuro desarrollo racional del universo que está contenido en el principio activo. Como el artesano divino es sumamente racional, es inevitable que el mundo que crea a partir de este plan sea perfecto en todos los sentidos.

El alma del mundo

❝ [Crisipo] dice que el poder divino reside en la razón, y en el alma y la mente del universo; llama al propio mundo dios y también el alma del mundo que todo impregna, y el principio rector de esa alma, que opera en el intelecto y la razón, y la naturaleza común y omnímoda de las cosas **❞**.

Cicerón, *Sobre la naturaleza de los dioses* 1.39

Un rasgo notable de la teología estoica es la cantidad de maneras diferentes que hay de pensar en el mismo ser divino. Dios crea el mundo y es idéntico al mundo, funcionando como el alma racional que lo anima. Como alma del mundo, el dios estoico está presente en todas partes y en todo momento, siendo responsable de, e idéntico a, todas las cualidades y características del cosmos. Todos los demás cuerpos del universo son, por tanto, partes inseparables del ser divino que solo tienen una especie de cuasiindependencia. Aunque esas partes pueden parecer distintas desde la perspectiva del individuo humano, una de las tareas fundamentales del filósofo es darse cuenta de que están totalmente integradas en el único ente verdaderamente entero: el cosmos como un todo.

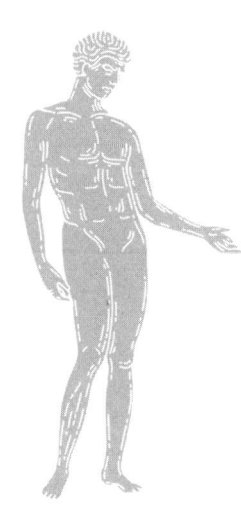

Los dioses de Platón

❝ Según este plan [el Demiurgo] hizo [el mundo] suave y uniforme, todo era equidistante de su centro, un cuerpo entero y completo, con cuerpos enteros para sus partes. Y en el centro puso un alma e hizo que se extendiese por el todo y además envolvió su cuerpo con alma por fuera; y así estableció un solo mundo, redondo y girando en círculo, solitario pero capaz, por su excelencia, de hacerse compañía, sin necesidad de conocidos o amigos, solo consigo mismo **❞**.

Platón, *Timeo* 34A

La cosmología estoica estaba muy influida por la versión de la visión de Platón presentada en su diálogo *Timeo*. Como los estoicos, Platón habla de un demiurgo divino y un alma divina del mundo. Sin embargo, para Platón se trata de entes distintos. Su demiurgo crea el cuerpo y el alma del mundo como una imagen móvil de las formas, ideales inmutables, inmateriales y abstractos. Así pues, el alma del mundo solo tiene un estatus secundario como copia móvil del original perfectamente divino.

El destino

66 El destino… es una sucesión ordenada de causas en la que cada causa está ligada a otra a causa y cada una por sí sola produce un efecto. Es una verdad inmortal que tiene su origen en toda la eternidad. Por consiguiente, no ha pasado nada que no tuviera que pasar, no sucederá nada que no encuentre en la naturaleza todas las causas eficientes de su ocurrencia. En consecuencia, sabemos que el Destino se denomina, no por ignorancia, sino científicamente, 'la causa eterna de las cosas, el porqué de las cosas pasadas, presentes y futuras' 99 .

Cicerón, *Sobre la adivinación* 1.125-1.126

Un punto central del pensamiento físico estoico es el que dice que todo evento en el mundo está completamente predeterminado. Cada característica del cosmos surge de la forma y la cualidad que le da el principio activo, y esta artesanía se aplica a lo largo del tiempo. Por tanto, es inevitable que todos los acontecimientos sucedan exactamente según el plan divino para el mundo.

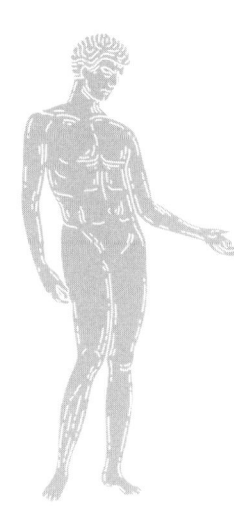

La providencia

"El mundo, en su opinión, está ordenado por la razón y la providencia... ya que la razón impregna cada una de sus partes, al igual que el alma en nosotros**"**.

Diógenes Laercio, *Vida de Zenón* 7.138

"La deidad, dicen, es un ser vivo, inmortal, racional, perfecto o inteligente en la felicidad [...] que cuida providencialmente del mundo y todo lo que hay en él...**"**.

Diógenes Laercio, *Vida de Zenón* 7.147

El dios de los estoicos es un ente racional y todopoderoso que es idéntico al cosmos en conjunto. No debería sorprendernos, pues, que este dios no solo organice todos los detalles de la progresión del mundo, sino que además lo haga para asegurarse de que el resultado es perfectamente bueno. La idea de que todo lo que ocurre sucede por la providencia constituye un elemento central de la ética práctica de la Estoa. La visión de que no deberíamos preocuparnos por fuentes de dolor y aflicción en nuestra vida cotidiana tiene sus raíces en la afirmación de que estos sucesos son todos para lo mejor y solo tenemos que entender esto para ser felices.

El triunfo de la Divina Providencia, fresco del pintor italiano Pietro da Cortona, en el gran salón del del Palazzo Barberini de Roma (siglo XVII).

EL BIEN, LA FELICIDAD Y LA VIRTUD

Los estoicos sostienen que el fin (*telos*) u objetivo definitivo en la vida es la felicidad (*eudaimonia*). También dicen que la virtud es suficiente para la felicidad, es decir, que uno será feliz si es virtuoso, independientemente de la presencia o ausencia de otros factores que normalmente se consideran buenos (riqueza, salud, fama o poder político, por ejemplo). Estas dos afirmaciones nucleares están en consonancia con las visiones de muchos pensadores antiguos. En lo que se diferencian los estoicos es en su explicación de en qué consiste una buena vida y de cómo se llega a ser virtuoso.

En el centro de la visión estoica está la idea de que la virtud no consiste tanto en lo que se hace como en cómo se es. La virtud es un estado del alma corpórea que consiste en la perfecta racionalidad. Un hombre virtuoso y un hombre no virtuoso pueden hacer las mismas elecciones y acciones, pero solo en el primer caso puede decirse que esas elecciones y acciones son verdaderamente buenas porque solo en ese caso se hacen por las razones adecuadas. De hecho, el hombre virtuoso no puede obrar mal porque todas sus decisiones estarán dirigidas por el razonamiento perfecto del alma. El objetivo de la filosofía es ayudarnos en el camino de este estado ideal, incluso aunque raramente o nunca se consiga en la práctica.

Las Siete Virtudes. Los "tres valores cristianos" (Fe, Esperanza y Caridad) y los "cuatro valores universales" (Templanza, Prudencia, Fortaleza, y la Justicia). Obra de Sandro Botticelli y Piero del Pollaiolo. Galleria degli Uffizi, Florencia, Italia.

La personificación de la templanza, una de las principales virtudes estoicas.

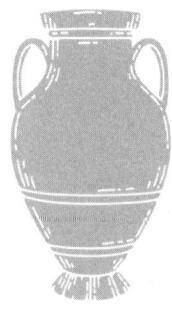

Lo bueno, lo malo y lo indiferente

❝ [Algunas cosas], dicen, son buenas, algunas son malas y algunas no son ni buenas ni malas. Las buenas incluyen la prudencia, la justicia, el valor, la templanza y el resto de las virtudes, mientras que lo contrario de estas son las cosas malas, a saber, la estupidez, la injusticia, etcétera. Las cosas neutras (ni buenas ni malas) son las que no benefician ni dañan a un hombre, como, por ejemplo, la vida, la salud, el placer, la belleza, la fuerza, la riqueza, la fama, la alta cuna, y sus opuestos: la muerte, la enfermedad, el dolor, la fealdad, la debilidad, la pobreza, la ignominia, la baja cuna, etc. ❞.

Diógenes Laercio, *Vida de Zenón* 7.101-7.102

Uno de los dogmas distintivos de la Estoa es la afirmación de que muchas de las cosas que los humanos normalmente consideramos buenas son en realidad moralmente indiferentes. Para los estoicos no hay nada bueno en la salud, la riqueza o incluso la vida, ni nada malo en la enfermedad, la pobreza o la muerte. El individuo puede usar bien o mal cada una de esas cosas, así que no hay nada en ellas que sea valioso de manera intrínseca. El bien y el mal residen únicamente en la virtud y el vicio.

Hércules entre el vicio y la virtud. Ilustración realizada por Lairesse,
publicada en *Magasin Pittoresque*, París, 1844.

El bien

" Pero el bien verdadero no se encuentra en los árboles ni en los animales mudos, pues el bien que hay en ellos se llama 'bien' solo por cortesía'. '¿Entonces qué es?', te preguntarás. Simplemente aquel que se aviene con la naturaleza de cada cual. El bien real no puede encontrarse en modo alguno en un animal mudo, pues su naturaleza es más dichosa y de una clase más alta. Y, donde no hay lugar para la razón, no existe el bien ".

Séneca, *Cartas a Lucilio* 124.13

Puesto que el bien y el mal residen únicamente en la virtud y el vicio, estas cualidades inmortales solo pueden encontrarse en una clase limitada de cosas en el mundo. Los estoicos distinguen entre los seres vivos que tienen la razón y los que no. Aunque las plantas y los animales están formados por los mismos elementos activos y pasivos que los humanos, la fuerza animante que los define y les da sus cualidades y carácter difiere de manera significativa. Es la capacidad para racionalizar lo que marca a los humanos como los únicos capaces de ser buenos, porque solo las criaturas racionales pueden ser virtuosas o viciosas.

La razón

66 ¿Y qué cualidad es la mejor del hombre? Es la razón; con la razón supera a los animales y solo es superado por los dioses. La razón perfecta es, por tanto, el bien peculiar de los hombres... Cuando esta razón es recta y ha alcanzado la perfección, la felicidad del hombre es completa. Por lo tanto, si todo es digno de alabanza y ha llegado al fin previsto por su naturaleza, cuando ha llevado su bien peculiar a la perfección, y si el bien peculiar del hombre es la razón; entonces, si un hombre ha llevado su razón a la perfección, es digno de alabanza y ha llegado al fin adecuado a su naturaleza, esa razón perfecta se llama virtud... 99 .

Séneca, *Cartas a Lucilio* 76.9-76.10

La recta razón (*orthos logos*), la razón humana llevada a la perfección, es idéntica a la virtud. Para los estoicos, la virtud no consiste en realizar determinadas acciones o comportarse de una manera concreta. Se trata más bien de un estado interno, cierto tenor o estructura del alma. El sabio es la persona que piensa de la manera correcta, entendiendo quién es y cómo se relaciona con el alma cósmica.

La virtud

66 La felicidad consiste en la virtud, pues la virtud es la mentalidad que tiende a hacer armonioso el conjunto de la vida. Cuando un ser racional se pervierte, lo hace por el engaño de los afanes externos o, a veces, a la influencia de los asociados. ... Que la virtud es enseñable lo dicen Crisipo en el libro primero de su obra *Del fin,* Cleantes, Posidonio en su *Protréptico* y *Hecatón*; que puede enseñarse está claro por el caso de hombres malos que se han transformado en buenos 99.

Diógenes Laercio, *Vida de Zenón* 7.89-7.91

Los estoicos siguen una larga tradición de filósofos antiguos que consideraban que la virtud es suficiente para la felicidad. Mientras que algunos pensadores anteriores sostenían que factores como la riqueza o la salud podrían contribuir al grado de felicidad de una persona, aunque la felicidad podía alcanzarse sin ellos, los estoicos son absolutistas en este aspecto. Insisten en que uno puede ser perfectamente feliz aun retorciéndose de dolor, teniendo mala salud y viviendo en la pobreza extrema porque los recursos para ser feliz se encuentran íntegramente dentro del alma.

La vida feliz

" ¿Qué es la vida feliz? Es paz de espíritu y tranquilidad duradera. Será tuya si tu alma es grande; será tuya si posees la firmeza que se aferra resueltamente a un buen juicio recién alcanzado. ¿Cómo alcanza un hombre esta condición? Consiguiendo una visión completa de la verdad, manteniendo, en todo lo que hace, orden, medida, idoneidad y una voluntad inofensiva y bondadosa, que se atiene a la razón y nunca se aparta de ella, que inspira al mismo tiempo amor y admiración. En resumen, para darte el principio como brújula breve, el alma del sabio debería ser como la propia de un dios ".

Séneca, *Cartas a Lucilio* 92.3

Para los estoicos, la felicidad es un estado del alma, una configuración de la sustancia corpórea que penetra y da forma y cualidad al cuerpo. Llega cuando uno se libera de las pasiones; cuando entiende el estado del mundo y ejercita el buen juicio con consistencia; cuando perfecciona su razón y da el orden perfecto a su pensamiento. Todo esto se resume a una cosa: cultivar la estructura del alma para que se acerque lo máximo posible al alma de Dios.

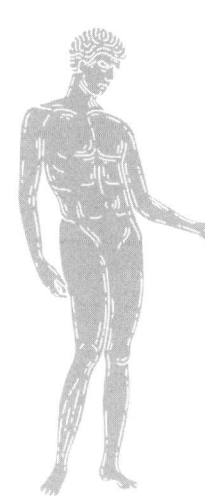

La providencia

❝ Es por eso que Zenón fue el primero (en su tratado *Sobre la naturaleza del hombre*) en decir que el fin es 'vivir conforme a la naturaleza', que es lo mismo que una vida virtuosa, puesto que la virtud es el objetivo hacia el que nos conduce la naturaleza. Lo mismo dicen Cleantes en el libro *Del deleite*, Posidonio y Hecatón en sus libros *De los fines*. Además, vivir virtuosamente es lo mismo que vivir según la experiencia del curso real de la naturaleza, como dice Crisipo en el libro primero *De los fines*, pues nuestra naturaleza individual es una parte de la naturaleza de todo el universo. Por eso, el fin puede definirse como vivir conforme a la naturaleza o, dicho de otro modo, conforme a nuestra propia naturaleza humana además de la del universo, una vida en la que nos abstenemos de toda acción prohibida por la ley común a todas las cosas, es decir, la recta razón que impregna todo y es idéntica a Zeus, señor y gobernador de todo lo que es. Y esto mismo es la virtud del hombre feliz y el curso tranquilo de su vida, cuando todas las acciones promueven la armonía del espíritu que habita en el hombre individual con la voluntad de aquel que ordena el universo ".

Diógenes Laercio, *Vida de Zenón* 7.87-7.89

El fin estoico se define formalmente como «una vida conforme a la naturaleza». Este objetivo puede entenderse de distintas maneras. Por una parte, vivir conforme a la naturaleza es conformar la vida para que encaje a la perfección con el plan divino para el cosmos. Esto significa vivir conforme a nuestra propia naturaleza humana, desempeñar el papel para el que fuimos creados. Otra forma de entenderlo es pensar en términos de «llegar a ser como Dios». El humano individual no es solo parte de un todo mayor, sino que también es un microcosmos de lo divino, un reflejo incompleto a pequeña escala del dios racional que constituye todo el cosmos. Vivir conforme a este dios implica estructurar la propia alma para replicar la estructura del alma del mundo. En definitiva, estas dos perspectivas ofrecen dos maneras de decir lo mismo. El alma humana perfecta estará en armonía interna y externa, ejemplificando la estructura ordenada que se le ha asignado como humana y reflejando en la debida proporción la estructura verdaderamente perfecta del cosmos.

EL CONOCIMIENTO Y LA PERCEPCIÓN

U na buena vida para los estoicos significa comprender el lugar de uno mismo en el mundo y hacer buenas elecciones sobre las cosas que buscar y las que evitar. Pero solo se puede lograr ese entendimiento y hacer esas elecciones si se conocen ciertas cosas. A diferencia de sus predecesores, los estoicos no aceptan que este tipo de conocimiento provenga solo del pensamiento. Por el contrario, asignan un papel crucial a la percepción.

Según los estoicos, nuestros sentidos se han diseñado providencialmente para captar determinadas verdades sobre el mundo y transmitírnoslas. Debemos pensar en las impresiones sensoriales como algo como huellas impresas en la sustancia física del alma. Nuestros pensamientos deberían entenderse de la misma manera. La gran tarea epistémica del estoico consiste en aprender a distinguir cuáles de estas impresiones son exactas y cuáles no. Las impresiones que transmiten reflejos auténticos de cómo son las cosas realmente son lo que los estoicos llaman «impresiones cognitivas», mientras que las que no lo hacen son «no cognitivas». Una vida verdaderamente racional y ética es aquella en la que consentimos o aceptamos y actuamos en base a las impresiones cognitivas y rechazamos las no cognitivas. Aunque los estoicos creen que las impresiones cognitivas tienen una cualidad especial que nos permite distinguirlas, requiere práctica hacerlo. Y, hasta que no hayamos entrenado bien nuestra facultad racional, nos podemos desviar con facilidad.

Escultura de Atenea, la diosa de la sabiduría y la guerra justa en la antigua mitología griega.

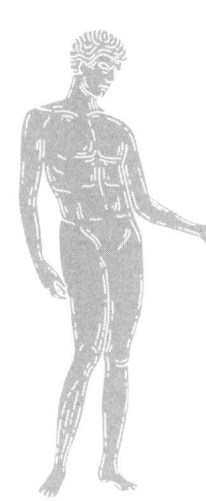

Las impresiones

66 [Diocles de Magnesia dice:]
'Los estoicos anteponen el dogma
de la impresión y la percepción
de los sentidos, en tanto en
cuanto el criterio con que se
conoce la verdad de las cosas es
generalmente una impresión;
y la teoría del consentimiento
y la de la comprensión y el
pensamiento, que precede al resto,
no puede enunciarse al margen
de la impresión. Pues primero
llega la impresión; después, el
pensamiento, que es capaz de
expresarse solo, pone en forma de
proposición lo que el sujeto recibe
de una impresión' 99 .

Diógenes Laercio, *Vida de Zenón* 7.49

Cuando se consiente la impresión que se presenta en la mente, se forma una creencia que es verdadera, y esta creencia dirige nuestras acciones. Los estoicos suelen ver el contenido de una creencia como una forma proposicional, es decir, que puede expresarse con palabras. Esta visión de los estados de los sucesos como algo «decible» es muy importante en la lógica estoica.

66 [Una impresión] es el acto de imprimir algo en el alma, es decir, un proceso de cambio... [aunque Crisipo dice que] no debemos tomar la 'impresión' en el sentido literal de un sello, porque es imposible suponer que varias impresiones de este tipo deben encontrarse en el mismo lugar al mismo tiempo. La impresión aquí es la que deriva de un objeto real, coincide con ese objeto y se ha estampado, imprimido y grabado como un sello en el alma, lo cual no sería el caso si procediese de un objeto irreal **99**.

Diógenes Laercio, *Vida de Zenón* 7.50

Hubo cierto debate entre los primeros estoicos sobre cómo debería tomarse la imagen de una impresión estampada en el alma como si se hiciese con un sello real. Si bien Cleantes lo tomaba como una estampación literal, Crisipo rechazaba esa idea aduciendo que podemos tener varias impresiones diferentes en el mismo espacio mental, mientras que una serie de imágenes estampadas se solaparían y oscurecerían unas a otras. Fue el punto de vista de Crisipo el considerado ortodoxo en la Estoa posterior.

Una mujer contempla una puesta de sol sobre el océano.

❝ Según ellos, algunas impresiones son sensoriales y otras no: las sensoriales son las impresiones que transmiten uno o varios órganos de los sentidos; las otras, las no sensoriales, son las recibidas a través de la propia mente, como sucede con las cosas incorpóreas y todas las demás impresiones que se reciben por la razón. Entre las impresiones sensoriales, algunas son de objetos reales y van acompañadas de cesión y consentimiento por nuestra parte. Pero también hay impresiones que no son más que apariencias, que fingen, por así decirlo, proceder de objetos reales **❞**.

Diógenes Laercio, *Vida de Zenón* 7.51

La principal fuente de impresiones son nuestros sentidos, como la impresión de que aquel hombre está lejos o de que la música que oímos es armoniosa. Pero la mente también puede generar impresiones de otras cosas que no existen físicamente en el mundo. Los objetos matemáticos, los lugares que ocupan los cuerpos físicos y los vacíos son tres ejemplos habituales de objetos incorpóreos de los que tenemos impresiones pensando en lugar de percibiéndolos directamente.

❝ El criterio de la verdad, afirman, es la impresión cognitiva, es decir, la que procede de lo que realmente es **❞**.

Diógenes Laercio, *Vida de Zenón* 7.54

❝ Hay dos especies de impresión, la cognitiva y la que no lo es. La primera, la que consideran la prueba de realidad, se define como la que procede de un objeto real, coincide con el propio objeto y se ha imprimido como un sello y estampado en la mente; la segunda, la no cognitiva, es la que no procede de ningún objeto real o, si lo hace, no coincide con la propia realidad por no ser clara o perceptible **❞**.

Diógenes Laercio, *Vida de Zenón* 7.45-7.46

Las impresiones cognitivas sirven como criterio de la verdad para los estoicos porque representan inequívocamente las cosas que realmente son. Aunque los estoicos consideran que nuestra percepción de las cosas del mundo es el camino por el que podemos acceder a la verdad sobre el mundo, también reconocen que nuestros sentidos y patrones de pensamiento pueden engañarnos. Un bastón recto parcialmente introducido en el agua puede parecer doblado, igual que comer un tercer trozo de tarta estando a dieta puede parecer, a veces, un curso de acción razonable. Por lo tanto, debemos esforzarnos mucho por evaluar nuestras impresiones y determinar cuáles son realmente cognitivas y cuáles no.

Estatua de Perseo sosteniendo la cabeza de Medusa,
obra de Benvenuto Cellini en Florencia, Italia.

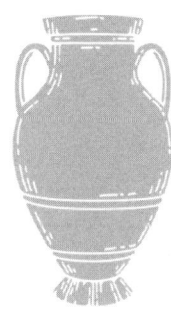

Mente y alma

66 Pues la propia mente, que es la fuente de las sensaciones e incluso es sensación en sí misma, tiene una fuerza natural que dirige a las cosas por las que se mueve. Por consiguiente, capta algunas impresiones para utilizarlas inmediatamente, mientras que almacena otras, que son la fuente de la memoria, y ordena todas las demás por sus semejanzas mutuas, y a partir de ellas se forman las concepciones de las cosas que los griegos a veces llaman 'conceptos' y a veces 'preconcepciones'. Cuando se suma a esto la razón y la prueba lógica y una cantidad innumerable de hechos, llega la clara cognición de todas estas cosas, y esta misma razón, habiéndose completado por estas etapas, alcanza finalmente la sabiduría 99.

Cicerón, *Cuestiones académicas* 2.30

Los estoicos desarrollaron una compleja explicación del proceso mental para exponer cómo se reciben y manejan las impresiones en el alma. Los recuerdos son simplemente impresiones almacenadas que nuestras mentes guardan para un uso posterior. Un proceso importante que todos los humanos aplican a sus impresiones es agruparlas por referencia a rasgos comunes. Así es, por ejemplo, como reconocemos a todos los perros como perros, pese a que cada uno genera su propia impresión cuando lo vemos. Para los estoicos, las características universales que usamos para hacer estas divisiones, como «perro», «mesa» y «hombre» no son en sí cosas reales. Son solo «conceptos» abstractos que existen en el pensamiento como un mecanismo de clasificación esencial, pero ilusorio. Esta visión contrasta con la de los platónicos, para quienes los universales inmutables son las cosas verdaderamente reales, mientras que los objetos particulares del mundo son simplemente reflejos secundarios.

Psique en una escultura tenue de Pietro Tenerani
en el Museo del Hermitage, Rusia.

Estatuas de los Dioscuros, los dioses gemelos Cástor y Pólux, Piazza del Campidoglio, Roma.

❝ [El sabio], cuando encuentra cosas similares que no ha conseguido distinguir, reservará su consentimiento, y nunca consentirá una impresión a menos que sea de un tipo que no pueda pertenecer a una falsa presentación. Pero, igual que tiene una pericia definida aplicable a todos los demás objetos que le permiten distinguir lo verdadero de lo falso, tiene que aplicar la práctica a los parecidos aducidos: igual que una madre puede diferenciar a sus gemelos habiéndose familiarizado con sus ojos, tú podrás distinguirlos si te acostumbras **❞**.

Cicerón, *Cuestiones académicas* 2.57

Los estoicos encuentran dificultades por su insistencia en que las impresiones cognitivas contienen en sí mismas una cualidad especial que debería, en teoría, permitirles siempre ser identificadas por una persona idealmente sabia. Sus adversarios filosóficos (y a veces mecenas reales) disfrutaban retándolos con situaciones en las que la mayoría de la gente aceptaría que no es posible distinguir dos cosas, como dos gemelos idénticos o copias muy bien hechas de los objetos que imitan. La respuesta estoica es aceptar que, en contadas ocasiones, incluso un sabio no sería capaz de decir si una impresión es cognitiva. Pero, en tales circunstancias, el sabio sabrá que no lo sabe y responderá sin dar su consentimiento ni a la verdad ni a la falsedad de la impresión.

" La mente emplea los sentidos y también crea las ciencias como un segundo juego de sentidos, y fortalece la estructura de la propia filosofía hasta el punto en el que puede producir virtud, la única fuente del orden del conjunto de la vida. Por tanto, aquellos que afirman que no se puede saber nada nos privan de estas cosas, que son las herramientas o el equipamiento para la vida, o más bien derriban realmente toda la vida desde sus cimientos y privan a la propia criatura animada de la mente que la anima, de modo que es difícil hablar de su precipitación por completo como requiere el caso **"** .

Cicerón, *Cuestiones académicas* 2.31

Las impresiones individuales solo son el punto de partida para sistemas de pensamiento más amplios. A medida que se acumulan impresiones precisas sobre un tema concreto, se adquiere experiencia científica en esa área, lo que permite expandir el conocimiento pensando en lo que ya se sabe. Con el tiempo, será posible razonar hasta llegar a conclusiones respecto a cosas sobre las que puede que no se tenga una experiencia directa. Por ejemplo, el sabio que tiene un conocimiento científico de la virtud no tendrá que esperar hasta que se enfrente a una decisión para saber cuál sería la decisión acertada. En su lugar, puede pensar una versión hipotética de la situación y llegar a una conclusión anticipada basándose en su almacén de impresiones conectadas sobre lo bueno y lo malo en general.

LAS PASIONES

La visión estoica de las pasiones o emociones se ha convertido en sinónimo del nombre de la escuela. Cuando describimos a alguien como «estoico», queremos decir que permanece impertérrito ante acontecimientos que perturbarían a otras personas. En realidad, se trata de un reflejo bastante exacto de los ideales de la escuela. Sin embargo, la visión popular de la filosofía estoica tiende a entenderla como la defensa de una vida en la que se debe prescindir por completo de las emociones. Como muchas versiones popularizadas de doctrinas filosóficas, esta visión de los estoicos capta algo importante de su pensamiento, pero también los malinterpreta significativamente.

Pintura griega de músicos tocando sobre plato.

Afrodita, diosa griega del amor, la lujuria, la belleza, el placer, la pasión
y la procreación con Eros, dios griego del amor y el sexo.

El objetivo de liberarse de las pasiones es, para los estoicos,
idéntico al de vivir una vida racional. No significa que deberíamos ser
impasibles ante el peligro, los sucesos tristes o los actos monstruosos,
sino que deberíamos actuar de manera apropiada y racional en
respuesta a todo eso en lugar de dejarnos llevar por opiniones
erróneas sobre lo que está bien y lo que está mal. De hecho, los
estoicos incluso reconocen emociones buenas que se entienden
como los homólogos racionalmente fundamentados de las pasiones
irracionales. Para los estoicos, no puede haber vida filosófica que no
esté repleta de deleite y alegría por las cosas buenas del mundo o sin
amabilidad, cordialidad y afecto hacia los demás.

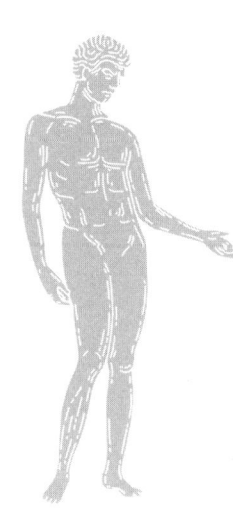

Emitir juicios

"La pasión, o emoción, es, según Zenón, un movimiento irracional y contranatural del alma, o un ímpetu excesivo. Las emociones supremas, o las más universales, según Hecatón en el libro segundo de su tratado *De las pasiones* y en el tratado de Zenón con el mismo título, constituyen cuatro grandes clases: dolor, miedo, deseo o ansia y placer. Consideran que las emociones son juicios, como dice Crisipo en su tratado *De las pasiones*, pues la avaricia es un juicio de que el dinero es cosa buena, y es el mismo caso el de la embriaguez y el derroche y todas las demás emociones".

Diógenes Laercio, *Vida de Zenón* 7.110–7.111

Para los estoicos, las pasiones son fundamentalmente fenómenos irracionales. La descripción que hace Crisipo de ellas como «juicios» capta el núcleo de la visión estoica. Los estoicos rechazaban la idea filosófica habitual de que la mente se divide en partes racional e irracional, con la primera siendo responsable de los juicios y la segunda de las emociones. El alma estoica es racional de la cabeza a los pies, así que las pasiones deben explicarse como juicios equivocados que se producen cuando la mente racional se va por mal camino. Son irracionales en tanto en cuanto que surgen de un fallo del razonamiento, no porque procedan de una fuente irracional.

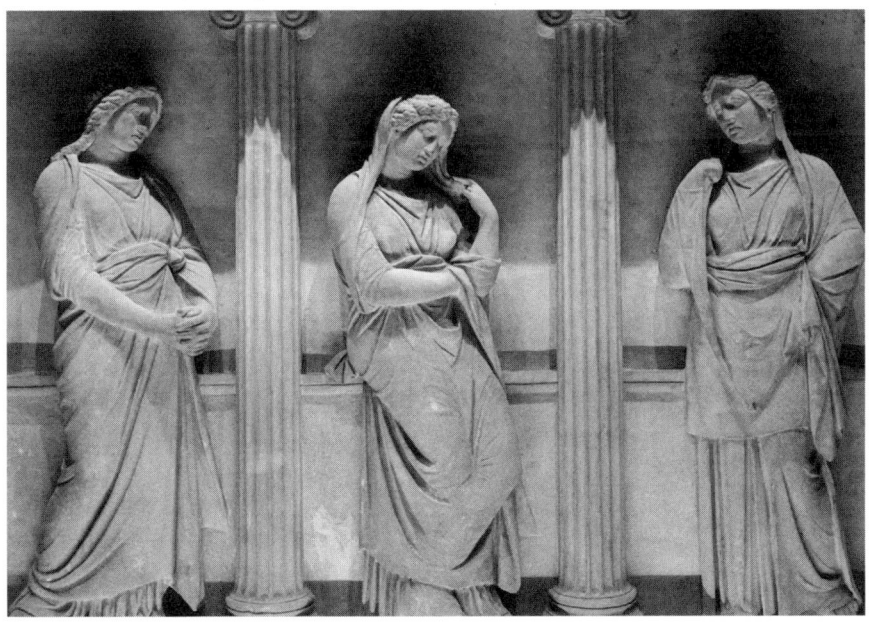

Plañideras talladas en un sarcófago de mármol de la necrópolis real de Sidón, siglo IV a. C.

66 Como se dice que hay enfermedades del cuerpo, como por ejemplo la gota y la artrosis, también las hay del alma: el amor a la gloria, el de amor a los placeres y otros semejantes. La enfermedad es un trastorno acompañado de debilidad, y un trastorno es la imaginación vehemente de algo que parece deseable. Y así como en el cuerpo hay tendencias a determinadas dolencias, como el catarro y la diarrea, en el alma hay tendencias como la envidia, la lástima, la pendencia y similares **99**.

Diógenes Laercio, *Vida de Zenón* 7.115

Los estoicos caracterizan las pasiones como enfermedades del alma. El lenguaje de las enfermedades no es metafórico. Del mismo modo que un cuerpo trastornado está enfermo, también lo está una mente que funciona irracionalmente y que hace valoraciones incorrectas sobre lo que debe perseguirse y lo que debe evitarse. La cura para esta enfermedad del alma es la filosofía. Solo entendiendo de verdad nuestro lugar en el universo y razonando correctamente sobre lo que merece la pena elegir podemos estar sanos psicológicamente. El estado en el que superamos las pasiones y nos liberamos de los impulsos irracionales es lo que los estoicos denominan *apathéia*.

Asclepio, dios de la medicina y la curación.

66 También dicen que hay tres estados emocionales que son buenos, a saber: el regocijo, la precaución y la voluntad. El regocijo, el homólogo del placer, es el júbilo racional; la precaución, la homóloga del miedo, es la evasión racional, pues el sabio nunca siente miedo, pero usa la precaución. Y la voluntad es homóloga al deseo en tanto que refleja un apetito racional. Y, en consecuencia, así como bajo las pasiones primarias se clasifican otras subordinadas a ellas, lo mismo ocurre con los... buenos estados emocionales. Así, bajo la voluntad están los buenos deseos, la benevolencia, la amistad, el respeto, el afecto; bajo la precaución, la reverencia y la modestia; bajo el regocijo, el deleite, el júbilo y la alegría **99** .

Diógenes Laercio, *Vida de Zenón* 7.116

El compromiso estoico con el objetivo de liberarse de las pasiones no significa que el sabio deba vivir una vida sin sentimiento emocional alguno. Las pasiones se entienden estrictamente como juicios irracionales. El miedo, por ejemplo, es la creencia irracional de que uno debería huir de algo o evitarlo, mientras que su equivalente racional, la precaución, es la creencia fundada y precisa de que alguien debería hacer eso.

Relieve en mármol de una ménade danzante, una sacerdotisa de Dionisos, *c.* siglos I a. C–I d. C.

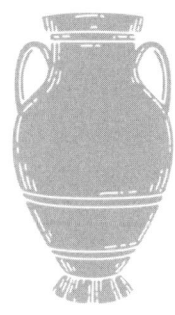

Las creencias erróneas

❝Pero [los estoicos] afirman que la pasión no es esencialmente distinta de la razón y no hay disputa ni lucha facciosa entre ambas, sino solo una conversión de una misma razón en sus dos aspectos; esto se nos escapa por lo repentino y rápido del cambio, pues no percibimos que es la misma parte del alma con la que naturalmente deseamos y cambiamos a aversión, nos enfadamos y tememos, somos arrastrados por el placer a una conducta vergonzosa, y luego, cuando el alma misma está siendo arrastrada, nos recuperamos de nuevo. En realidad, dicen, el deseo, el enfado, el miedo y todas las cosas semejantes no son sino opiniones y juicios perversos, que no surgen en una parte determinada del alma, sino que son inclinaciones y moldeados, acuerdos e impulsos de toda la facultad directiva y, en una palabra, ciertas actividades que en un momento pueden cambiar de un modo u otro❞.

Plutarco, *Sobre la virtud moral* 446F–447A

La visión estoica de las pasiones como juicios está estrechamente conectada con sus opiniones sobre el conocimiento y la percepción (véase el capítulo anterior). Las pasiones surgen cuando consentimos erróneamente a una impresión «no cognitiva» sobre lo que es valioso y digno, esto es, una impresión que no capta cómo son realmente las cosas en el mundo.

Plutarco, una de las principales fuentes de las ideas
de los primeros estoicos.

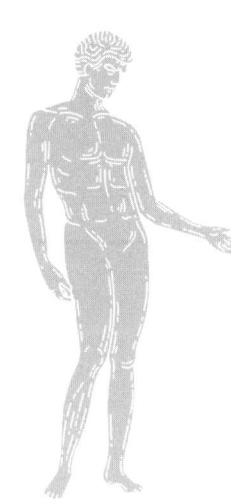

Las impresiones correctas

❝ '¡Cómo!', dice nuestro adversario, '¿no se enfadará un buen hombre si ve a su padre asesinado o a su madre ultrajada?'. No, no se enfadará, pero los vengará o protegerá. ¿Por qué temes que la piedad filial no sea suficiente acicate para él incluso sin ira? También puedes decir: '¡Cómo! Cuando un buen hombre vea a su padre o a su hijo aniquilados, supongo que no llorará ni se desmayará'... El buen hombre cumplirá su deber sin perturbación ni miedo, y cumplirá el deber de un buen hombre, y no hará nada que sea indigno del hombre. ¿Quieren matar a mi padre? Lo defenderé. ¿Lo han asesinado? Entonces lo vengaré, no por mi dolor, sino porque es mi deber ❞.

Séneca, *De la ira* 1.12

100

Aunque los estoicos creen que el hombre racional no puede, por definición, guiarse por pasiones irracionales, eso no significa que el ideal estoico sea insensible y simplemente se encoja de hombros con indiferencia ante los acontecimientos. Igual que podemos conducirnos por la emoción irracional, podemos conducirnos por respuestas racionales a los mismos acontecimientos que removerían las pasiones de la mente no filosófica. El sentimiento de compañerismo y el sentido del honor, por ejemplo, pueden llevar a una persona a decidir racionalmente vengar un asesinato u otro ultraje. Para los estoicos, la clave no está en permanecer impasible ante los sucesos, sino a actuar de acuerdo con las impresiones correctas sobre lo que hay que valorar.

Afrodita, Pan y Eros. Museo Arqueológico Nacional de Atenas.

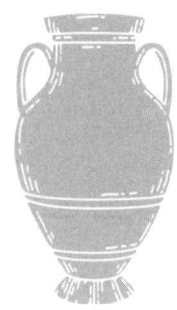

66 La mente, si se me permite decirlo así, más bien sufre las pasiones en lugar de formarlas. Por tanto, una pasión no consiste en que nos afecten las visiones que se nos presentan, sino en ceder a nuestros sentimientos y seguir estos impulsos casuales: quien crea que la palidez, las lágrimas, los sentimientos lujuriosos, los suspiros profundos, el repentino brillo de los ojos o cualquiera otra emoción parecida son indicios de pasión o manifestación del ánimo se equivoca y no comprende que son meros impulsos del cuerpo. En consecuencia, el hombre más valiente palidece a menudo al ponerse la armadura; cuando se da la señal de la batalla, al soldado más audaz le tiemblan las piernas por un momento; incluso al general más grande se le puede subir el corazón a la garganta justo antes del choque de dos ejércitos; y las manos y pies del orador más elocuente pueden agarrotarse y quedarse fríos cuando se dispone a hablar.

La ira no debe simplemente moverse, sino salirse de los límites, siendo un impulso: ahora bien, ningún impulso puede tener lugar sin el consentimiento de la mente: porque no puede ser que debamos ocuparnos de la venganza y el castigo sin que la mente sea consciente de ellos. Un hombre puede considerarse herido, puede desear vengar sus males y puede verse persuadido por una u otra razón para abandonar su intención y calmarse: eso no lo llamo ira, es una emoción de la mente que está bajo el control de la razón. La ira es lo que va más allá de la razón y se la lleva por delante ".

Séneca, De la ira 2.3

Los estoicos hacen una importante distinción entre impulsos fisiológicos y estados mentales apasionados. Las respuestas físicas a estímulos externos son naturales para los estoicos, incluso aunque tendamos a asociar esos estímulos con la pasión correspondiente, por ejemplo, palidecer ante un peligro suele asociarse con el miedo. Para los estoicos, la reacción física va primero y está relacionada con la impresión que aparece en la mente. Es solo si una persona consiente equivocadamente a la impresión que cae en la irracionalidad. Cuando la mente pone la emoción bajo el control de la razón, no es una pasión sino una respuesta racional.

❝ En primer lugar, es más
fácil desterrar las pasiones
peligrosas que gobernarlas;
es más fácil no admitirlas
que mantenerlas en orden
una vez admitidas, pues cuando han
tomado posesión de la mente, son más
poderosas que el legítimo gobernante,
y no permitirán en modo alguno que
se les debilite o limite. En segundo
lugar, la propia Razón, que lleva las
riendas, es fuerte solo si se mantiene
alejada de las pasiones; si se mezcla
y corrompe con ellas, ya no podrá
refrenar a aquellas a las que una vez
hubiera apartado de su camino; pues
la mente, una vez excitada y agitada,
va adonde las pasiones la llevan. Hay
ciertas cosas cuyos comienzos yacen
en nuestro propio poder, pero que,
cuando se desarrollan, nos arrastran
por su propia fuerza y no nos dejan
retroceder. Los que se han lanzado
por un precipicio no controlan sus
movimientos ni pueden detenerse o
aflojar el paso una vez iniciado, porque

su propia precipitación e irremediable temeridad no les ha dejado espacio ni para la reflexión ni para el remordimiento, y no pueden evitar llegar a extremos que podrían haber evitado. Del mismo modo, cuando la mente se abandona a la ira, el amor y otra pasión, es incapaz de contenerse: su propio peso y la tendencia descendente de los vicios debe necesariamente llevarse al hombre y arrojarlo a lo más profundo **"**.

Séneca, *De la ira* 1.7

Fresco de Safo de Lesbos, poetisa lírica griega nacida en torno al año 600 a. C. Platón la llamó "La décima musa".

Séneca

4 a. C.-65 d. C.

Lucio Anneo Séneca fue un filósofo estoico de noble
cuna que floreció en la primera etapa del Imperio
romano. Sus escritos dan la impresión de un estoicismo
completamente alineado con la mentalidad romana.
Aquí no se aprecia un esfuerzo por adaptar una
filosofía extranjera, como encontramos, por ejemplo,
en Cicerón (106-43 a. C.). En su lugar, Séneca escribe
como si el estoicismo fuese la filosofía natural de los
patricios romanos. De hecho, Séneca fue en gran parte
responsable del establecimiento del estoicismo como la
filosofía informal del Imperio. Tras ser tutor de Nerón,
fue consejero del joven emperador cuando accedió al
trono. En el 65 a. C. se quitó la vida tras ser acusado por
Nerón de formar parte de un complot para asesinarlo.
Informes posteriores sugieren que encontró su fin de
una forma que correspondía a un verdadero estoico.

Los escritos filosóficos de Séneca abarcaban las tres partes de la
filosofía estoica e incluían una obra sobre *Cuestiones naturales*. Sin
embargo, su trabajo más absorbente trataba sobre la ética práctica:
cómo debería vivirse realmente una vida estoica. Escribió
sus *Cartas a Lucilio* (de las que se han extraído los siguientes
pasajes) hacia el final de su vida y contienen consejos a un joven
amigo para vivir acorde a las enseñanzas estoicas. Gracias a su
accesibilidad y la naturaleza directa y práctica de sus consejos,
las *Cartas* se han leído mucho durante siglos.

Séneca (4 a.C.-65 d.C.). Filósofo romano y tutor del futuro emperador Nerón.

❝ Cada día adquiere algo que te refuerce contra la pobreza, contra la muerte y también contra otras calamidades; y, después de haber pasado por muchos pensamientos, elige uno para digerirlo a conciencia ese día. Esta es mi costumbre: entre las muchas cosas que he leído, procuro retener alguna ❞ .

2.6

❝ El mero nombre de la filosofía, aunque se persiga silenciosamente, es objeto de bastante desprecio; ¿qué sucedería si empezásemos a separarnos de las costumbres de nuestros semejantes? Por dentro, deberíamos ser distintos en todos los aspectos, pero nuestro exterior debería ajustarse a la sociedad ❞ .

5.2

❝ Lo primero que la filosofía se compromete a dar es el sentimiento de compañerismo con todos los hombres; en otras palabras, simpatía y sociabilidad ❞ .

5.4

"Come solo para aliviar el hambre; bebe solo para saciar la sed; vístete solo para alejar el frío; cobíjate solo como protección contra el malestar personal. Poco importa si la casa está construida o es un pasto, o si tiene mármol de colores importado; entiende que un hombre se cobija igual de bien cubriéndose de paja que con un techo de oro".

8.5

"'El sabio es autosuficiente'. Esta frase, mi querido Lucilio, está mal explicada por muchos, pues retiran al sabio del mundo y lo recluyen en su propio pellejo. Pero debemos señalar con cuidado el sentido y el alcance de este enunciado. El sabio se basta a sí mismo para una existencia feliz, pero no para existir. Para existir necesita muchas ayudas; pero para una existencia feliz solo necesita un alma sana y honesta, una que desprecie la Fortuna".

9.13

Estatua de Séneca en Córdoba, España.

❝ Sin filosofía, la mente está enferma y el cuerpo también: por poderoso que pueda ser, solo es fuerte como el de un loco o un lunático. Este es, pues, el tipo de salud que deberías cultivar en primer lugar; el otro tipo de salud va después ❞.

15.1–15.2

❝ Tienes claro, estoy seguro, Lucilio, que ningún hombre puede vivir una vida feliz, o siquiera soportable, sin el estudio de la sabiduría; sabes también que una vida feliz se alcanza cuando tu sabiduría está completa, y que la vida es al menos soportable cuando tu sabiduría acaba de empezar. Sin embargo, esta idea, por clara que esté, debe fortalecerse e implantarse con mayor profundidad en la reflexión diaria; es más importante cumplir los propósitos que ya has hecho que seguir haciendo otros nobles ❞.

16.1

66 Los deseos naturales están limitados, pero los que brotan de una falsa opinión no se detienen. Lo falso carece de límite 99.

16.9

66 No te prohíbo tener riqueza, pero quiero que llegues al punto en que la poseas sin miedo; esto solo puede conseguirse convenciéndote de que puedes vivir igual de feliz sin ella igual que con ella, y considerando que las riquezas siempre te eludirán 99.

18.13

Bajorrelieve romano con escena de comerciantes.

" Disiento de aquellos que se lanzan en medio de la borrasca y que, atraídos por una vida tumultuosa, luchan a diario con dureza de alma contra los problemas de la vida. El sabio soportará todo eso, pero no lo elegirá; preferirá vivir en paz que en guerra **"** .

28.7

" ¿Preguntas qué es realmente un hombre? Es alma, y razón llevada a la perfección en el alma. Pues el hombre es un animal racional. Por tanto, el mayor bien del hombre se alcanza si ha logrado el bien para el que lo diseñó la naturaleza al nacer. ¿Y qué es lo que esta razón le exige? Lo más fácil del mundo: vivir conforme a su propia naturaleza. Pero esto se convierte en una tarea difícil por la locura general de la humanidad; nos empujamos al vicio unos a otros **"** .

" ¿Y cómo puede un hombre ser llamado a la salvación, cuando no tiene a nadie que lo retenga y a toda la humanidad que lo impulsa? ".

41.8

" La amistad establece entre nosotros una asociación en todos nuestros intereses. No existe prosperidad ni adversidad para el individuo; vivimos en comunidad. Y nadie puede vivir felizmente si solo se considera a sí mismo y transforma todo en una cuestión de su propia utilidad; debes vivir para tu vecino si quieres vivir para ti mismo. Esta hermandad, conservada con escrupuloso cuidado, que nos hace mezclarnos como hombres con nuestros semejantes y sostiene que la raza humana tiene ciertos derechos en común, es también de gran ayuda para apreciar la fraternidad más íntima que se basa en la amistad ".

48.2-48.3

❝ Obligo a mi mente a concentrarse y a huir de cosas fuera de sí misma; todo lo exterior puede ser un alboroto, con tal que no haya perturbación en mi interior, con tal que el miedo no esté luchando con el deseo en mi pecho, con tal que la mezquindad y la prodigalidad no estén en desacuerdo, una acosando a la otra. Porque ¿de qué sirve un vecindario tranquilo, si nuestras emociones están alborotadas? ❞.

56.2

❝ Nuestros filósofos estoicos, como sabes, dicen que hay dos cosas en el universo que son la fuente de todo: la causa y la materia. La materia yace aletargada, una sustancia lista para cualquier uso, pero segura de permanecer inactiva si nadie la pone en movimiento. Sin embargo, la causa, con lo que queremos decir razón, moldea la materia y la pone en la dirección que quiere, produciendo así varios resultados concretos. En consecuencia, debe haber, en el caso de cada cosa, aquello de lo que está hecha y, a su lado, un agente por el que se ha hecho. Lo primero es su materia, lo segundo su causa.

Todo el arte no es sino una imitación de la naturaleza; así pues, deja que aplique estos enunciados de principios generales a las cosas hechas por el hombre. Una estatua, por ejemplo, ha proporcionado materia que debía someterse al tratamiento de las manos del artista, y ha contado con un artista que debía dar forma a la materia. Por consiguiente, en el caso de la estatua, el material era bronce, la causa el obrero. Y es igual para todas las cosas: constan de lo que están hechas y de su hacedor **"** .

65.2-65.3

Estatua romana de Hércules de bronce dorado del siglo I d. C.,
encontrada enterrada cerca del Teatro de Pompeyo.

Corona de oro que data de los siglos IV y III a.C. y fue hallada en Yaka, Turquía.

" Nadie es tan ignorante como para no saber que un día u otro habrá de morir. Sin embargo, cuando se avecina la muerte, le vuelve la espalda, tiembla y se lamenta. ¿No te parecería un completo necio quien llorase por no haber vivido hace mil años? ¿Y no sería igual de necio quien llora porque no vivirá dentro de mil años? Es lo mismo; no serás y no fuiste. Ninguno de esos periodos de tiempo te pertenece **"**.

77.11

66 ¿Quién puede dudar, querido Lucilio, que la vida es un regalo de los dioses inmortales, pero vivir bien es un regalo de la filosofía? De ahí que la idea de que nuestra deuda con la filosofía es mayor que nuestra deuda con los dioses en proporción, porque una buena vida es de mayor provecho que la mera existencia, pueda considerarse correcta, de no ser porque la propia filosofía es una bendición que nos concedieron los dioses. A nadie han dado su conocimiento, pero a todos han dado la facultad de adquirirla. Pues si hubiesen hecho de la filosofía también un bien general, si estuviésemos dotados con su entendimiento desde el nacimiento, la sabiduría perdería su mejor atributo: no ser uno de los dones de la fortuna. Pues así las cosas, la preciosa y noble característica de la sabiduría es que no avanza a nuestro encuentro, que cada hombre está en deuda consigo mismo por ella, y que no la buscamos de la mano de otros 99 .

90.1-90.2

66 Considerarás el peor infortunio perder a alguno de aquellos que amas; pero eso no es menos estúpido que llorar porque los árboles que cautivan tus ojos y adornan tu casa pierdan sus hojas. Mira todo lo que te agrada como si fuese una planta floreciente; aprovéchalo al máximo mientras esté en flor, porque, aunque en distintas estaciones, todas las plantas pierden sus hojas y mueren. Pero, así como la caída de las hojas es algo leve, porque renacen, de la misma manera debes considerar la pérdida de aquellos a quienes amas y que deleitan tu vida; pues pueden ser sustituidos aunque no renazcan 99.

104.11

66 El único puerto a salvo de las furiosas tormentas de esta vida es el desprecio por lo que depara el futuro, una postura firme, una preparación para recibir los dardos de la Fortuna en el pecho, sin huir ni dar la espalda 99.

104.22

Paisaje otoñal de los Alpes Dolomitas, Cortina d'Ampezzo, Italia.

Epicteto

50-135 d. C.

Nacido en la ciudad griega de Hierápolis, en Asia Menor (actual Turquía), Epicteto pasó su juventud en Roma como esclavo de un poderoso oficial de la corte romana. Con permiso de su señor, estudió el estoicismo con Musonio Rufo, uno de los principales estoicos de la época. Tras serle concedida la libertad, Epicteto enseñó en Roma durante un tiempo. Abandonó la ciudad e Italia cuando el emperador Domiciano ordenó la expulsión de todos los filósofos y se trasladó a Nicópolis, en el oeste de Grecia, donde enseñó en su propia escuela filosófica el resto de sus días.

Los primeros años de Epicteto como esclavo dieron especial fuerza a sus repetidos mandatos de distinguir entre las cosas que controlamos en nuestra vida y las que no. Su obra superviviente más importante, las *Disertaciones*, de la que proceden los siguientes fragmentos, no fue escrita por el propio Epicteto, sino que es un registro de sus enseñanzas anotadas por uno de sus estudiantes, Arriano, quien también pasó a la historia por su influyente biografía de Alejandro Magno.

Epicteto, filósofo estoico griego.

66 '¿Qué ayuda, entonces, hay que tener a mano cuando nos amenazan los poderosos?'. ¿Qué otra cosa sino saber qué es lo mío y qué no es lo mío, y qué me está permitido y qué no me está permitido? He de morir: ¿debo entonces morir gimiendo? He de ser encadenado: ¿debe ser también lamentándome? He de exiliarme: ¿habrá quien impida que me vaya con una sonrisa, de buen humor y tranquilo?.

'Dime tus secretos'. No diré una palabra, porque eso depende de mí.

'Pues te encadenaré'. ¿Qué dices, hombre? ¿Encadenarme? Son mis piernas donde pondrás grilletes, pero mi propósito moral ni el propio Zeus tiene poder para superarlo.

'Te meteré en prisión'. ¡Mi insignificante cuerpo es lo que tendrás!

'Te decapitaré'. Bueno, ¿acaso he dicho yo que el mío sea el único cuello que no se pueda cortar?

Estas son las lecciones que los filósofos deberían practicar, las que deberían escribir a diario, en las que deberían ejercitarse ".

1.1.21–1.1.25

Sócrates va voluntariamente a su muerte mientras los que le rodean se lamentan (*La muerte de Sócrates*, Jacques-Louis David, 1787).

Bajorrelieve que representa a un grupo de esclavos y su guardián.

"Para determinar lo que es racional y lo que es irracional, nos servimos no solo de nuestra estimación de cosas externas, sino también del criterio de lo que está en consonancia con el propio carácter. Para un hombre será razonable sostener el bacín para otro cuando está considerando solo que, si no lo hace, le pegarán y no le darán de comer y, si lo hace, no le pasará nada molesto ni doloroso. En cambio, a otro hombre le parecerá insoportable no solo sostenerlo él mismo, sino también tolerar que lo haga otro. Así que si me preguntas: '¿He de sostener el bacín o no?', te diré que recibir alimentos vale más que no recibirlos y que ser azotado es más nocivo que no serlo. Así pues, si mides tus intereses con esos parámetros, ve y sostén el bacín. 'Sí, pero eso no sería digno de mí'. Esa es una consideración adicional que tú, y no yo, debes examinar, pues eres tú quien te conoces a ti mismo, quien sabes cuánto vales para ti mismo y por cuánto te vendes. Porque cada uno se vende a un precio **"**.

1.2.7-1.2.11

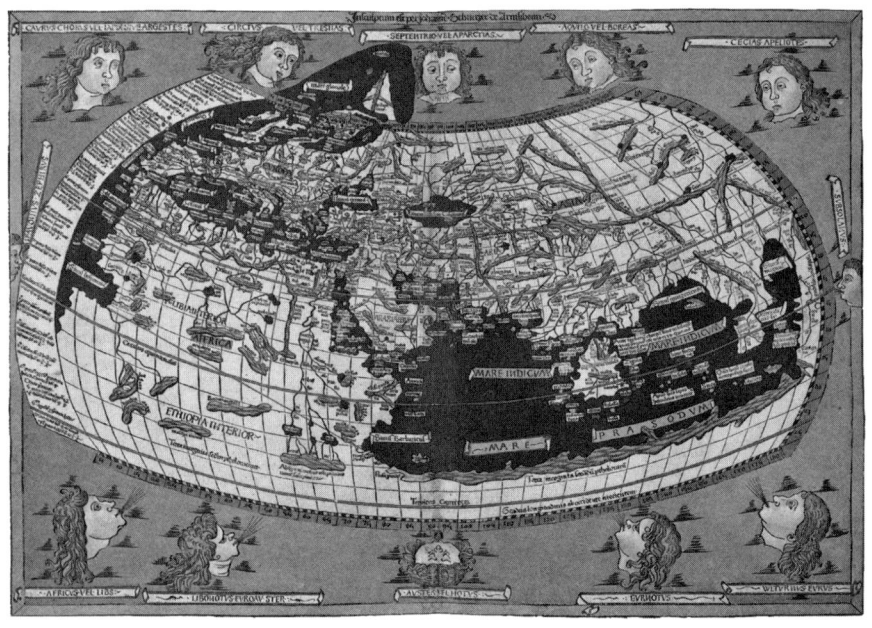

Una reconstrucción del siglo xv del famoso mapa del mundo de Claudio Ptolomeo de Alejandría, grabado por Johannes Schnitzer en 1492.

"Piensa quién eres. Para empezar, un hombre; es decir, alguien que no tiene cualidad más soberana que la elección moral... Además, eres ciudadano del mundo y parte de él, no una de las partes destinadas al servicio, sino una de gran importancia, pues eres capaz de comprender el gobierno divino del mundo y de razonar sobre sus consecuencias. ¿Cuál es entonces la misión de un ciudadano? No tratar nada como un asunto de beneficio privado, no hacer planes sobre nada como si fuera una unidad separada, sino actuar como el pie o la mano, que, si tuvieran la facultad de la razón y comprendieran la constitución de la naturaleza, nunca ejercerían la elección o el deseo de otra manera que no fuera por referencia al todo. Por eso, con razón dicen los filósofos que, si el hombre bueno y excelente supiera lo que va a suceder, se apresuraría en los procesos de enfermedad, muerte y mutilación, porque se daría cuenta, sin duda, de que este reparto procede de la ordenación del conjunto, y el conjunto es más soberano que la parte, y el cstado más soberano que el ciudadano. Pero, como en realidad no sabemos de antemano lo que va a suceder, es nuestro deber elegir lo que es más natural elegir, pues hemos nacido para eso " .

2.10.1–2.10.6

" El tema por el que el hombre bueno y excelente se preocupa es su propio principio rector. El del médico y el masajista es el cuerpo; el del granjero el campo, pero la función del hombre bueno y excelente es lidiar con sus impresiones de acuerdo con la naturaleza. Igual que toda alma, por naturaleza, consiente a lo verdadero, niega lo falso y se abstiene de juzgar ante lo incierto, se ve, también por naturaleza, movida con deseo hacia el bien, con aversión hacia el mal y con indiferencia hacia lo que no es ni bueno ni malo. Pues igual que el cambista o el vendedor de hortalizas no pueden legalmente rechazar la moneda del César..., así pasa también con el alma. En el instante en el que aparece el bien, atrae el alma hacia sí mismo, mientras que el mal la repele. Un alma nunca rechazará una impresión clara del bien, igual que un hombre no rechazará la acuñación del César. De este concepto del bien pende cualquier impulso para actuar, tanto del hombre como Dios **"**.

3.3.1-3.3.4

Moneda de plata o denario con el retrato de Marco Aurelio.

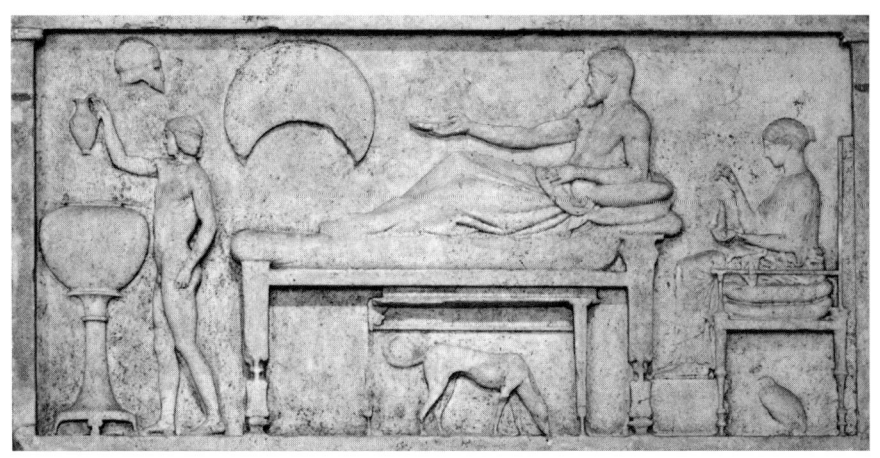
Estela funeraria con escena de banquete. 450-480 a. C.

66 También deberíamos ejercitarnos a diario para conocer las impresiones de nuestros sentidos, porque nos hacen preguntas.

Muere el hijo de Fulano de Tal. Respuesta: 'Eso está fuera de su control; no es malo'.

Su padre lo ha desheredado: 'Eso está fuera de su control; no es malo'.

El César lo ha condenado: 'Eso está fuera de su control; no es malo'.

Estaba apenado por todo esto: 'Eso está bajo su control: es malo'.

Lo ha soportado con entereza: 'Eso está bajo su control: es bueno'.

Si adquirimos este hábito, progresaremos 99.

3.8.1–3.8.4

❝Libre es quien vive como quiere, quien no está sujeto a compulsiones ni a impedimentos ni a la fuerza; aquel cuyas elecciones son libres, cuyos deseos logran su fin, cuyas aversiones no caen en lo que deberían evitar❞.

4.1.1

❝En nombre de lo que se llama libertad algunos hombres se ahorcan, otros saltan a un precipicio, a veces perecen ciudades enteras; por la verdadera libertad, contra la que no se puede conspirar y es segura, ¿no entregarás a Dios, a Su demanda, lo que Él ha dado? Como dice Platón, ¿no estudiarás no solo morir sino incluso ser torturado en el potro e ir al exilio, y ser azotado severamente, y, en pocas palabras, abandonar todo lo que no es tuyo? Si no, serás un esclavo entre los esclavos; incluso aunque seas un cónsul diez mil veces, aunque vayas al palacio, serás un esclavo igualmente❞.

4.1.171–4.1.173

Marco Aurelio

121-180 d. C.

Marco Aurelio Antonio es una figura única en la historia de la filosofía occidental: por un lado, un filósofo estoico con talento que escribió una de las obras eternas del canon filosófico; por otro, un emperador de Roma en su punto álgido (*r.* 161-180 d. C.) y, posiblemente, una de las personas más poderosas del mundo durante su reinado. *Meditaciones* capta las dos facetas de este fascinante personaje, mostrando a un hombre totalmente consciente de los compromisos que conlleva ejercer el poder, al tiempo que se dedicaba en serio a mejorar su propia alma.

Dividida en 12 libros, la obra *Meditaciones* contiene diversos pasajes largos y cortos que ayudan a la propia reflexión filosófica de Marco. Aunque él se refiere a menudo a la teoría estoica a lo largo de su texto, su foco está decididamente en los pasos prácticos que uno puede dar para acercarse a la sabiduría. Sus frecuentes recordatorios de que ahora es el momento para el progreso filosófico y su insistencia en que nos entendamos no como entes aislados sino como partes de un todo superior, siguen resonando casi dos mil años después de que Marco escribiese su obra.

Estatua ecuestre de bronce de Marco Aurelio en la Piazza del Campidoglio de Roma, réplica moderna del original romano del siglo II que ahora se encuentra en los Museos Capitolinos.

❝Al despuntar el día, piensa esto: hoy me encontraré con hombres curiosos, ingratos, violentos, traidores, envidiosos e insensibles. Todo eso les pasa por la ignorancia de lo que realmente es bueno y malo. Pero a mí, que he observado que la naturaleza del bien es lo verdadero, y que la del mal es lo falso..., no puede dañarme ninguno de ellos, pues nadie me cubrirá de falsedad ni puedo enfadarme con mis paisanos ni odiarlos ❞.

2.1

❝A todas horas, preocúpate con valentía, como romano y hombre, de hacer lo que esté en tu mano con precisión... con dignidad no fingida, con amor natural, libertad y justicia; y de darte tregua de cualquier otra imaginación. Y así, solo si haces cada acto como si fuese el último, te liberarás de cualquier objetivo aleatorio, de apartarte voluntariamente de la Razón que te dirige, de la pretensión, el amor propio y el disgusto con lo que te ha sido asignado. Ya ves qué poco necesita dominar un hombre para vivir una vida tranquila y piadosa; pues los propios dioses no exigirán nada más a aquel que siga estos preceptos 99.

2.5

❝El sabio recuerda que todos los seres racionales están emparentados con él mismo y que preocuparse de todos los hombres está de acuerdo con la naturaleza humana. Pero no debería aferrarse a las opiniones de todos ellos, sino solo a la de aquellos que viven conforme a la Naturaleza 99.

3.4

❝Si completas la presente tarea siguiendo la recta razón, con seriedad, diligentemente, con todo tu poder, con amabilidad, y no admites ninguna cuestión secundaria, sino que conservas tu propia divinidad pura y erguida, como si tuvieras este momento para restaurarla; si aseguras esto, sin esperar ni evitar nada, sino conformándote con la acción presente de acuerdo con la Naturaleza y con la verdad heroica en todo lo que digas y quieras decir, vivirás una vida dichosa. Y no habrá nadie capaz de impedirlo **"**.

3.12

❝ Igual que los médicos tienen siempre a mano sus instrumentos y escalpelos para las curas de urgencia, ten tú preparadas las doctrinas para reconocer lo divino y lo humano, y así hacer todo, incluso lo más insignificante, consciente del vínculo que une lo divino y lo humano **"**.

3.13

❝ Dijo Demócrito: 'Haz pocas cosas si quieres disfrutar de la tranquilidad'.

¿No sería mejor hacer lo necesario y lo que prescribe la razón de una criatura destinada por la Naturaleza a ser social, y lo que esa razón prescribe? **"**.

4.24

Demócrito de Abdera fue un antiguo filósofo
griego y alumno de Leucipo.

❝ En ninguna parte se retira un hombre con mayor tranquilidad y más privacidad que en su propia mente, sobre todo aquel que tiene en su interior tales cosas que solo necesita la introspección para llegar de inmediato a la calma total... Por tanto, concédete continuamente este retiro para repararte **❞**.

4.3

“ Piensa constantemente en el Universo como una criatura viva, que abarca un ser y un alma; cómo todo se absorbe en la única consciencia de esta criatura viva; cómo abarca todas las cosas con un solo fin, y cómo todas las cosas trabajan juntas para provocar todo lo que pasa, y su maravillosa red y textura ” .

4.40

“ Sé como el promontorio contra el que rompen continuamente las olas. Se mantiene firme y en torno a él se duermen las aguas hirvientes ” .

4.49

“ Estoy hecho de sustancia formal y material; y ninguna de ellas pasará a la nada, así como ninguna surgió de la nada. Así pues, cada una de mis partes tendrá asignado su lugar por transformación en alguna parte del Universo, y esa a su vez en otra parte del Universo, y así hasta el infinito ” .

5.13

Olas rompiendo contra las rocas.

❝ Otro hace mal. ¿Qué es eso para mí? Él verá; tiene su propia disposición, su propia actividad. Yo tengo lo que la Naturaleza Universal quiere que tenga y hago lo que mi propia naturaleza quiere que haga **❞**.

5.25

Detalle del sarcófago de Portonaccio que representa a los ejércitos de Marco Aurelio en batalla contra los germanos; se cree que el sarcófago contenía los restos de uno de los generales de Marco.

❝ No te disgustes ni te rindas ni te impacientes si tus acciones se basan en todos los detalles de los rectos principios; tras una caída vuelve de nuevo, y alégrate si la mayoría de tus acciones son dignas del carácter humano **❞** .

5.9

❝ Alejandro Magno y su mozo de cuadra se quedaron al mismo nivel en la muerte, pues, o fueron absorbidos por los mismos principios inspiradores del Universo, o se dispersaron indistintamente en átomos **❞** .

6.24

❝ Como Antonio, mi ciudad y mi patria es Roma; como hombre, es el mundo **❞** .

6.44

❝ Esfuérzate por persuadir a otros, pero actúa incluso contra su voluntad cuando así lo indique la regla de la justicia **❞** .

6.50

" La represalia más noble es no llegar a parecerte a tu enemigo **"**.

6.6

卐卐卐卐卐

" Todas las cosas se realizan en cada caso según la naturaleza del Todo **"**.

6.9

卐卐卐卐卐

" Es una cualidad del hombre amar incluso a los que tropiezan. Este sentimiento sobreviene si reconoces que todos los hombres son tus parientes y que cometen errores por ignorancia y contra su voluntad **"**.

7.22

卐卐卐卐卐

" Solo porque hayas abandonado la esperanza de llegar a ser un famoso pensador o estudiante de la ciencia, no pierdas las esperanzas de ser libre, modesto, sociable y obediente a Dios; pues es posible convertirse en hombre totalmente divino y aun así no ser reconocido por nadie **"**.

7.67

Relieve de un arco del triunfo que representa a Marco Aurelio recibiendo la sumisión de las tribus bárbaras conquistadas por sus ejércitos.

" Es ridículo huir de la maldad de otros, lo cual es imposible, y no huir de la propia, lo cual se puede conseguir **"**.

7.71

" Recuerda que cambiar tu curso y seguir a quien te corrige no es ser menos libre. Pues el cambio es tu propia acción, procedes según tu propio impulso y decisión y, ciertamente, de acuerdo con tu mente **"**.

8.16

" Una cosa da alegría a un hombre, otra a otro; a mí me alegra conservar mi yo gobernante intacto, no dar la espalda a ningún ser humano ni a nada de lo que ocurre a los hombres, ver todo con ojos amables, acogiendo y utilizando cada ocasión en función de su mérito **"**.

8.43

" La mente libre de pasiones es una ciudadela de refugio; pues el hombre no dispone de otro lugar más fortificado al que retirarse y ser en adelante inexpugnable. Quien no ha visto esto no está instruido; quien lo ha visto y no se retira es desafortunado ".

8.48

" No desdeñes la muerte, acógela satisfecho, porque es también una de las cosas que la Naturaleza desea ".

9.3

" El que hace mal se hace mal a sí mismo; el que comete injusticias las comete contra sí mismo, haciéndose malo ".

9.4

Marco Aurelio y otros miembros de la familia imperial ofrecen un sacrificio en agradecimiento por el triunfo de Roma sobre las tribus germánicas.

" Adquiere un método para contemplar cómo todas las cosas se transforman, unas en otras; asiste continuamente a esta parte de la Naturaleza y ejercítate en ella, porque nada tiene tantas probabilidades de promover una elevación de la mente **"** .

10.11

▨▨▨▨▨▨

" ¿He hecho algo amable? De ese modo me he beneficiado. Ten esto siempre presente en tu mente y nunca lo abandones **"** .

11.4

▨▨▨▨▨▨

" Ninguna otra vocación en la vida es tan adecuada para la práctica de la filosofía como esta en la que te encuentras ahora **"** .

11.7

"Vive constantemente la vida más elevada. Este poder está en el alma de un hombre, si es indiferente a lo que es indiferente; y así será si considera cada uno de estos objetos indiferentes como un todo y en sus partes, recordando que ninguna de ellas crea en nosotros una concepción sobre sí mismo ni sale a nuestro encuentro, sino que son inmóviles y somos nosotros quienes hacemos juicios sobre ellas y, por así decirlo, las inscribimos en nosotros; y, sin embargo, no necesitamos inscribirlas y, si lo hacemos inconscientemente, podemos borrarlas de nuevo al instante".

11.16

"Está en tu poder asegurar de inmediato todos los objetos que sueñas alcanzar por un camino indirecto, si eres justo contigo mismo: esto es, si dejas todo el pasado atrás, confías el futuro a la Providencia y diriges el presente, y solo eso, a la veneración y la justicia".

12.1

Busto del emperador romano Marco Aurelio.

Bibliografía

Las traducciones incluidas en este volumen son adaptaciones de las siguientes obras:

Cicero, Marcus Tullius. *De Finibus.* Traducido por H. Rackham. Harvard University Press, Cambridge, MA, 1931. Loeb Classical Library.

——————————— *De Natura Deorum, Academica.* Traducido por H. Rackham. Harvard University Press, Cambridge, MA, 1933. Loeb Classical Library.

——————————— *De Senectute, De Amicitia, De Divinatione.* Traducido por William Armistead Falconer. Harvard University Press, Cambridge, MA, 1923. Loeb Classical Library.

——————————— *Tusculan Disputations.* Traducido por C. D. Yonge. Harper & Brothers, Nueva York, 1888.

Diogenes Laertius. *Lives of Eminent Philosophers.* Traducido por R. D. Hicks. Vol. 2. Harvard University Press, Cambridge, MA, 1925. Loeb Classical Library.

Epictetus. *The Discourses as Reported by Arrian, the Manual, and Fragments.* Traducido por W. A. Oldfather. 2 vol. Harvard University Press, Cambridge, MA, 1925-1928. Loeb Classical Library.

Gellius, Aulus. *The Attic Nights of Aulus Gellius.* Traducido por John C. Rolfe. Harvard University Press Cambridge. Cambridge, Mass., 1927. Loeb Classical Library.

Lipsius, Justus. *Two Books of Constancie.* Traducido por sir John Stradling. Richard Johns, Londres, 1594.

Marcus Aurelius. *The Meditations of the Emperor Marcus Antoninus.* Traducido por A. S. L. Farquharson. 2 vol. Clarendon Press, Oxford, 1944.

——————— *The Meditations of Marcus Aurelius.* Traducido por George Long. Little, Brown, and Company, Boston, 1889.

Nietzsche, Friedrich. *Beyond Good and Evil: Prelude to a Philosophy of the Future.* Traducido por Helen Zimmern. The Macmillan Company, Nueva York, 1907.

Platón. *Plato's Cosmology: The Timaeus of Plato.* Traducido y comentado por F. M. Cornford. Routledge & Kegan Paul, Londres, 1937.

Plutarco. *On Moral Virtue.* Traducido por William C. Helmbold. Harvard University Press, Cambridge, MA, 1939. Loeb Classical Library.

Séneca. *Ad Lucilium Epistulae Morales [Moral Epistles].* Traducido por Richard M. Gummere. 3 vol. William Heinemann, Londres, 1917-1925. Loeb Classical Library.

—— *On Anger. Minor Dialogs Together with the Dialog «On Clemency».* Traducido por Aubrey Stewart. George Bell & Sons, Londres, 1900.

Spinoza, Benedict de [Baruch]. *The Ethics.* Traducido por R. H. M. Elwes. George Bell and Sons, Londres, 1883.

Créditos de las imágenes